KB074740

BK선생님의
쉬운 수업
레시피

BK선생님의
쉬운 수업
레시피

김백균 지음

준비는 쉽게!
내용은 알차게!

싱싱한 가르침과 생생한 배움이
살아 숨쉬는 맛있는 수업 노하우!

지식프레임

모두가 쉽게 참여하고
즐길 수 있는 수업을 찾다

어느 날, 감기에 걸린 어린 아들이 고열이 난 적이 있다. 부랴부랴 가까운 병원에 데리고 가서 진찰과 처방을 받았다. 규모가 작은 병원 이었지만 의사 선생님은 매우 친절했다. 그런데 시간이 지나도 아들 의 열은 좀처럼 내리지 않았고, 오히려 더 힘들어하는 기색이 역력했 다. 결국은 두 시간이나 걸리는 시내의 큰 병원에 가서 다시 진료를 받 아야 했다. 신기하게도 그곳에서 진찰과 처방을 받고 나니 아들의 상 태가 조금씩 호전되기 시작했다.

그 이후부터는 아들이 아플 때마다 가까이 있는 병원보다는 다소 멀더라도 전에 진료 받았던 시내의 병원을 찾게 된다. 좀 더 '전문적 인' 치료가 가능하다는 생각 때문이다. 이처럼 의사 선생님이 아무리 친절하게 대해 준다고 해도 병을 고치지 못하면 아무 소용이 없다. 의 사의 전문성은 '병을 잘 고치는 것'에 있기 때문이다. 전문적인 치료와 처방이 가능하다면 거리와 시간, 비용과 무관하게 많은 환자들이 찾 을 수밖에 없다.

나는 학생들도 다르지 않다고 생각한다. 학생들이 수업 시간에 교실에 있는 근본적인 이유는 무언가를 배우기 위해서다. 아무리 선생님과의 관계가 친밀하고 평소에 재미있게 놀아준다고 할지라도 수업 시간에 배우는 것이 없다고 판단하면 학생들은 선생님과 점점 멀어지게 된다. 반대로 수업을 통해 성장한다고 느끼는 학생들은 선생님과 보다 좋은 관계를 맺을 수 있다. 교사의 전문성은 '학생을 잘 가르치는 것'에 있기 때문이다.

몇 년 전까지만 하더라도 나는 그냥 '재미있게 놀아주는 선생님'이 좋은 선생님이라고 생각했다. 잘 놀아주면 학생들은 나를 좋아하게 될 것이고, 그러면 자연스럽게 나는 훌륭한 선생님이 될 수 있을 것이라고 생각했다. 그때는 이런 내 생각이 독단인 줄도 몰랐다. 그런데 내 수업에 열심히 참여해도 의미가 없다는 것을 알게 되자, 학생들은 내 수업을 거부하기 시작했다.

"선생님은 참 재미있고, 잘 놀아주지만, 수업이 재미가 없어서 참여하기가 싫어요."

한 학생이 내게 던진 이 충격적인 말은 이전까지 갖고 있던 교육에 대한 내 가치관을 완전히 바꾸는 전환점이 되었다. 그래서 나는 이 시련을 극복해 보고자 그날의 수업을 솔직하게 갈무리해서 블로그에 올리기 시작했다. 수업 일기를 공개하면서 내 수업을 보다 더 객관적으로 보고 싶었기 때문이었다.

매일 블로그에 수업을 기록하다 보니 3년간 600개가 넘는 글이 모였다. 이렇게 매일 수업을 정리해 놓으니 신기하게도 그전까지는 볼 수 없었던 나만의 수업 스타일이 새롭게 보이기 시작했다.

1. 매일 블로그에 기록할 수 있도록 쓸데없는 노력을 줄이며, 수업에서 가장 필요하고 중요한 것을 강조하는 방향으로 발전해 갔다.
2. 학생들이 매일 수업에 참여해도 지치지 않도록 즐겁게 소통할 수 있는 방향으로 수업을 진행했다.
3. 학생들 각자의 이야기를 담아 익숙하지만 지겹지 않은 수업을 만들어갔다.

이렇게 시행착오를 겪으며 교사인 나와 반 학생들 모두가 즐길 수 있는 '쉬운 수업'으로 발전할 수 있었다.

지금 생각해 보면 나에게 가장 필요한 것은 교육적 동반자였던 것 같다. 내가 무엇을 잘하고 무엇이 부족한지를 옆에서 지켜봐주고 조언해 줄 수 있는 동반자가 필요했다. 하지만 학교에서 동료 선생님께 우리 반 교실을 주의 깊게 봐달라고 부탁하기는 쉽지 않았다. 각자 자기 교실을 챙기기에도 바쁘기 때문에 옆 반까지 관심을 갖는다는 것은 정말 쉽지 않은 일이기 때문이다. 게다가 학교에 동학년이 없는 상황이었기에 학습에 대한 교육적 공감대를 얻기도 무척이나 어려웠다.

그래서 블로그를 통해 다른 선생님들과 내 수업의 장단점에 대해 이야기 나누기를 원했다. 하지만 블로그에 있는 수업을 본 뒤 참고하겠다는 선생님들은 많아도 그 수업이 어떤 철학을 갖고 있는지를 유심히 들여다봐주는 분들은 그다지 많지 않았다. 그래서 가끔씩은 내가 블로그에 글을 쓰는 것이 허공의 메아리처럼 느껴질 때도 있었다.

그러던 와중에 '에듀콜라(http://educolla.sharedu.kr)'로부터 연락이 왔다. 다양한 선생님들이 서로의 교실 철학을 공유하면서 함께 성장할 수 있는 교육 플랫폼을 만들고 싶다는 이야기였다. 왠지 이곳에서는 나의 갈증을 풀어낼 수 있을 것 같은 기대감이 생겼다. 그래서 에듀콜라라는 둥지에 새롭게 자리를 잡고 다른 선생님들과 나의 철학을 함께 나누기 시작했다.

교육적 동반자를 만난다는 것은 인생에 큰 행복이 아닐 수 없다. 혼자서 말하는 것이 아니라 다른 사람들과 함께 대화한다는 것 자체가 나에게는 정말로 좋은 자극이 되었다. 어떤 주제에 대해 혼자 고민하며 막막해 하다가 다른 선생님들과 함께 고민을 나누니 큰 힘이 되었다. 훌륭하고 열정적인 선생님들과 함께한다는 것만으로도 자부심을 갖기에 충분했다. 에듀콜라에 연재를 하면서 내가 원하는 수업의 길을 좀 더 명확하게 찾아갈 수 있었다는 것 또한 나에게는 큰 수확이었다.

에듀콜라에 내가 약 반년간 써나간 글의 제목은 '쉬운 수업 레시피'였다. 내가 그동안 고민했던 것은 학생들과 교사 모두가 몇 년을 함께 수업하더라도 지치지 않고 새로운 무언가에 계속적으로 도전할 수 있는 힘을 기를 수 있는 방법을 찾는 것이었다.

박수는 한 손으로 칠 수 없고 대화는 혼자 할 수 없다. 수업도 마찬가지다. 교사가 학생에게 일방적으로 전달할 수 있는 것도 아니고, 교사 없이 학생 혼자서 할 수 있는 것도 아니다. 수업은 교사와 학생의 교감을 통해 배움으로 발전할 수 있다. 그 교감을 유지할 수 있다면 좋은 수업이 될 것이고, 그 교감이 사라진다면 좋은 수업이 될 수 없을 것이다. 그리고 학생이 수업을 통해 성장한다는 것은 정서적으로 연결된 교사 또한 함께 성장한다는 것을 의미한다.

이 책에는 모두가 쉽게 참여할 수 있는 수업, 모두가 쉽게 즐길 수 있는 수업이라는 목표를 꾸준하게 유지하기 위해 나와 우리 반 학생들이 함께 만들어간 3년간의 발자취가 담겨 있다. 수업에 어려움을 느끼는 많은 선생님들께 이 책이 작은 길잡이가 되어 모두가 행복한 수업을 하는 데 도움이 될 수 있기를 기대한다.

지은이 김백균

Contents

싱싱한 가르침과 생생한 배움이
살아 숨쉬는 맛있는 수업 노하우!

Part 1
쉬운 수업을 부탁해

학생의 입장에서 수업을 받을 때는 선생님이 참 쉬워 보였다.
그런데 내가 선생님이 되자 모든 것이 달라졌다.
교실의 모든 것이 어려웠다.
나도 힘들었고, 반 아이들도 힘들었다.
그래서 나는 생각했다.
무언가 특단의 조치가 필요하다.

BK's Recipe
01
――
어렵다고 느낄 때가
시작이다

_____ '교육의 질은 교사의 질을 뛰어넘지 못한다.'
선생님이라면 꼭 한 번쯤 들어봤을 말이다. 그만큼 교육에서 교사의
역할은 매우 중요하다. 교사의 능력에 따라 수업의 질도 큰 차이를 보
이게 된다.

나 역시 신규 연수 때부터 이 말을 참 많이 들어왔다. 물론 당시에는
그 의미를 제대로 알지 못했다. 나는 소위 '아이들이 좋아하는 교사'였
디. 이이들과 수업을 통해 웃고 떠들며 즐길 수 있었고, 이런 내 수업
을 아이들도 좋아했다. 그래서 당연히 '나는 수업을 정말 잘하는 교사'
라는 자부심이 있었다.

그러다가 처음으로 수업이 어렵다는 것을 느끼게 된 순간이 있었다. 학부모 공개수업을 하는 날이었다. 공개수업인 만큼 오랜만에 모둠 활동 수업을 하기로 하고 며칠 밤을 새워 열심히 수업을 준비했다. 그런데 공개수업 당일, 한 아이가 "선생님, 평소에 안 했던 건데요"라며 이의를 제기했다. 그와 동시에 대여섯 명의 아이들이 마치 도미노처럼 "선생님, 왜 안 하던 거 하세요?"라며 장난을 걸기 시작했다. 그날 공개수업은 완전히 망쳐버렸고, 수업이 끝난 뒤 나는 아이들에게 화까지 냈다. 그때 한 아이가 "선생님, 그러면 매일 이런 식으로 수업하면 되잖아요"라며 대꾸했다. 그래서 나는 홧김에 "좋아, 그럼 제대로 보여줄게"라고 큰소리친 뒤, 매일매일 모둠 활동 수업을 진행해 나갔다.

그런데 문제가 생겼다. 힘들게 모둠 활동 수업을 준비해 갔는데, 정작 아이들 반응은 영 시큰둥했다. 심지어 수업 시간에 제시하는 활동이 무엇을 의미하는지 전혀 이해하지 못하는 경우도 있었다. 수업이 끝나면 "선생님, 그런데 우리 이런 거 왜 했어요?"라고 물어보는 일까지 생겼다. 이런 불만이 쌓이면서 아이들은 모둠 활동 수업이 아닌, 이전의 방식대로 수업하기를 강하게 요구했다. 결국 수업 방식은 다시 원래대로 돌아갔다. 그때만 해도 나는 문제의 원인이 아이들에게 있다고 생각했다. 모둠 활동 수업을 잘 따라오지 못한다며 공연히 아이들만 타박했다.

그로부터 4년 후, 강릉에서 태백으로 발령을 받으면서 학생 수가 13명인 학급의 담임이 되었다. 이 아이들에게는 조금 더 많은 배움을 일깨워주고자 이전에 포기했던 모둠 활동 수업을 다시 한 번 시도해 보기로 했다. 이곳의 아이들은 나와 호흡이 잘 맞을 것 같았고, 학생 수도 적어서 충분히 가능하다고 생각했다. 하지만 결과는 전보다 더 처참했다. 수업 시간 자체를 거부할 정도로 나에 대한 아이들의 믿음은 바닥을 쳤다. 그제서야 근본적인 문제가 나에게 있다는 것을 깨닫게 되었다.

문제가 나에게 있었다는 것을 알게 되자, 위기감이 생겨났다. 교사의 가장 큰 보람은 학생들이 수업에 몰입하며 배움의 가치를 깨닫는 순간을 함께하는 것인데, 그 보람을 느끼지 못한다고 생각하니 교사로서 너무 부끄러웠다. 수업에 대한 자신감 또한 무척 떨어진 상태여서 이대로라면 정말 교사의 길을 평생 걷지 못할 것만 같았다.

1년 동안 나락으로 떨어진 자부심을 억지로 붙잡으며 아이들을 졸업시켰다. 그러고 나서 새 학년을 맞이하기 전에 도대체 무엇이 문제였을까를 곰곰이 생각해 보았다. '그때는 내가 한 말을 잘 알아들었는데, 지금은 왜 내 말을 잘 이해하지 못할까?' 이 문제를 해결할 수 있어야 앞으로 교사 생활을 하는 동안 다시는 이런 일을 겪지 않을 것 같았다.

그러던 어느 날 문득, 이 아이들이 특별하게 이해를 못 했기 때문이 아니라는 생각이 들었다. 반대로 '내가 잘 가르쳤기 때문에 강릉에 있던 아이들이 잘 이해한 것'이 아니라는 결론도 내리게 되었다.

강릉의 도시 지역에서는 많은 아이들이 학원에 다니고 있었다. 그래서 내가 학생들 모두를 이해시키려고 크게 노력하지 않아도 이미 수업 내용을 많은 학생들이 알고 있었다. 하지만 지금은 달랐다. 학교가 대부분 학생들의 모든 교육을 책임지고 있었다. 그래서 그 전에는 보이지 않았던 내 바닥이 드러난 것이었다.

분명히 선생님은 교실을 책임지는 사람이 되어야 한다. 하지만 나도 모르게 교실의 외적 요인에 많은 것을 의지하고 있었다. 학원에서 배웠으니까 대충 지도해도 잘 이해하는 것처럼 보였을 뿐인데, 그것을 '내가 잘했기 때문'이라고 생각했다는 것 자체가 부끄러웠다.

나는 좋은 선생님이었어야 했지만 그러지 못했다. 결국 내 안의 문제를 직면하게 되면서 이 상황을 극복하기 위해서 무엇이 필요한가를 우선 생각해 보았다.

- 어떤 점이 잘못되었는지 객관적으로 분석하기
- 나의 강점은 무엇인지 찾아내기
- 좋은 선생님이라고 생각되는 사람들의 수업 방식 찾아내기
- 수업의 기초부터 새롭게 다지기

위의 문제를 해결할 수 있다면 나는 좋은 선생님이 될 수 있을 것이라고 생각했다. 그런데 문제는 이런 일련의 목표를 달성하기 위해서

우리 반 교실을 지켜봐줄 사람이 없다는 것이었다. 나는 오프라인에서는 도저히 방법을 찾을 수가 없어서 온라인으로 눈을 돌렸다. 내 수업을 전국의 선생님들에게 공개하고 객관적인 분석을 받을 수 있다면 내 수업이 빠르게 성장할 수 있을 것이라는 기대 때문이었다.

가장 먼저, 내가 수업을 어떻게 했는지 다시 돌아보았다. 다행히 예전 수업을 객관적으로 복기할 수 있는 자료들이 있었다. 수업 블로그를 2012년부터 조금씩 써나가

기 시작했는데, 2013년도에도 몇 번의 수업을 기록으로 남겼었다. 그 기록들을 다시 찬찬히 돌아보면서 나의 어떤 점이 문제인가를 분석해 보았다. 그러자 그때는 억지로 묻어두었던, 부족했던 점들이 눈에 띄게 드러났다. 다른 많은 문제점이 보였지만 가장 대표적인 것은 실패했던 수업이라는 것을 알면서도 모른 척하며 덮어두고 포장한 것이었다. 아이들에게 의미가 되지 못했음에도 수업에서 발생한 문제들을 덮고 감추며 끝까지 끌고 간 것 자체가 문제였다.

이렇게 나 스스로가 수업을 잘하지 못한다는 것을 깔끔하게 인정하고 나니 해결 방법은 내가 수업의 기본을 더 공부하는 것이라는 게 명확해졌다. 마치 대학교 1학년처럼 학생들에게 필요한 기본적인 학습에 관한 책들을 찾아보고 그것을 우리 반 교실에 맞추면 어떻게 될지를 고민해 보면서 나만의 새로운 길을 조금씩 찾아나갔다. 그렇게 알을 깬 병아리처럼 점차 내가 추구하는 수업이 무엇인지 알아갈 수 있었고, 기존 수업 방식의 문제점과 이를 해결할 수 있는 방법들도 함께 발견해 나갈 수 있었다.

BK's Recipe
02

선생님은
신이 아니다

_____ 사회 시간이었다. 도시와 촌락의 조건과 문제점 등을 살펴보는 시간으로 우리 지역은 어느 곳에 속하는지 알아보는 수업이었다. 나는 학생들에게 태백은 강원도에 속하고, 인구는 5만이라고 말해 주었다. 그러자 한 학생이 "선생님, 인터넷에서 검색했는데 4만8천 명이라는데요? 5만이 아니래요" 하는 것이었다.

이 말을 듣고 속으로 뜨끔했다. 왜냐하면 태백시의 최근 인구를 조사한 적이 없었기 때문이다. 대략적인 수치이므로 오차가 있을 수 있다고 말하고 위기를 넘겼지만 내 말의 권위가 인터넷 정보에 밀린 것 같아 매우 당황스러웠었다. 학생들은 선생님의 말과 인터넷 검색 결과가 다를 경우, 인정하기는 싫지만 인터넷 정보를 더 믿을 것이다.

오늘날에는 선생님을 대체할 수 있는 수단이 매우 많아졌다. 학원은 너무 많이 생겨났고, 학원끼리의 무한 경쟁을 통해 공교육과 비교할 수 없을 정도로 사교육의 수업 수준이 높아졌다. 오프라인뿐만 아니라 온라인 동영상 수업 시장도 커졌다. 온라인 수업은 언제 어디서나 볼 수 있을 정도로 접근성이 좋고, 게다가 무료인 것들도 많다. 이처럼 교사는 끊임없이 교실 밖의 여러 요인들과 경쟁하고 비교당하면서 권위를 잃어가고, 점점 어려운 입지에 놓이게 되었다. 이 상황을 극복하고 교사의 가치를 지키기 위해서는 새로운 시각으로 수업에 접근해야 할 필요성이 절실하다.

:: 어느 장단에 맞춰 수업을 해야 할까?

교실에서 수업을 할 때 학생들은 크게 학습에 대한 이해도에 따라 상위 그룹과 중간 그룹, 하위 그룹으로 분류된다. 그리고 선생님들은 보통 중간 그룹의 수준에 맞추어 수업을 진행한다. 세 부류의 학생들을 모두 만족시키기 어려우므로 그 편차를 최소화하기 위해서다. 그럼으로써 최대한 많은 학생들의 학업 성취를 도모한다. 그런데 중간 그룹에 맞춰 수업을 진행하게 되면 수업의 효율은 다음과 같은 곡선 형태가 된다.

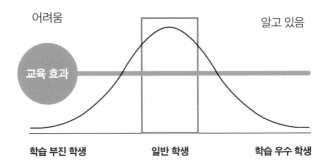

• 교사의 눈높이에 따른 배움의 효과 •

어려움

알고 있음

교육 효과

학습 부진 학생   일반 학생   학습 우수 학생

위의 그림과 같이 이 방법은 중간 그룹의 학생들에게는 도움이 되지만 상위 그룹과 하위 그룹의 소외를 불러일으킨다. 하위 그룹은 수업 내용을 이해하기 어려워 자신감을 잃고, 상위 그룹은 이미 내용을 알고 있거나 너무 쉬워서 수업 시간이 지루하게 느껴진다.

그렇다고 수업을 하위 그룹에 맞추면 중간 그룹과 상위 그룹이 지루함을 느낄 것이다. 반대로 상위 그룹에 맞추면 중간 그룹과 하위 그룹 대부분이 수업을 포기하게 될 것이다.

이처럼 한 교실에서도 학생들의 배움의 수준은 모두 다르게 형성된다. 교사의 주도로 수업을 진행하는 이상, 모든 학생들을 배움으로 이끌기는 매우 어렵다. 훌륭한 지휘관이었던 이순신 장군의 사례를 보자.

:: 이순신 장군 같은 교사는 불가능하다

이순신 장군은 임진왜란 때 우리나라를 위기에서 구한 훌륭한 장군이다. 그는 조선 수군을 한마음으로 모으기 위해 엄한 군율로 수군을 다스렸다. 진영을 탈영한 병사들이나 관리 감독에 소홀한 관리는 처형할 정도로 엄격하게 수군을 통제했다. 그렇게 만들어진 수군은 이순신 장군의 수족 같은 역할을 했다.

그런데 이순신 장군에게 가장 큰 위기는 우리 수군이 원균 장군의 지휘로 칠천량해전에 나섰다가 왜군에게 대패함으로써 발생했다. 이순신 장군이 훈련시켜놓은 정예 수군이었지만 지휘관이 바뀌자 왜군의 먹잇감이 되고 만 것이다. 다행히도 이순신 장군은 명량해전에서 단 12척의 배로 왜군과 맞서야 했지만 이 위기를 뛰어난 전략으로 극복해 냈다.

지휘관의 능력에 따라 승패가 좌우되는 것처럼 교실도 선생님의 능력에 따라 매우 달라질 수 있다. 우리 반도 마찬가지였다. 내가 수업이 잘 된다고 느껴지는 날에는 아이들이 한마음 한뜻으로 움직였지만, 내가 몸이 아프거나 피곤한 날에는 작은 악마로 변해 내 의도와는 전혀 다르게 움직였다.

게다가 나는 학생들에게 배움이라는 장벽을 극복할 수 있는 길을 명확하게 제시하는 데 실패했다. 나는 이순신 장군처럼 교실의 위기를 전략으로 극복할 수 있는 훌륭한 선생님이 아니다. 그렇기 때문에 나 혼자서 모든 것을 책임질 수 있다는 말은 결국 거짓말일 수밖에 없다. 결국 나는 '내 능력만으로 모든 아이들을 배움으로 이끌 수 없다'는 사실을 인정하기로 했다.

수업은 왜
어려운 걸까?

_____ 수업은 마치 연애와 같다. 철수와 영희의 이야기를 예로 들어보자.

철수는 영희를 좋아했다. 하지만 영희는 철수에게 아직 좋은 감정을 느끼지 못했다. 철수는 영희가 어떤 영화를 좋아하는지 물어보지도 않고 영화관에 데려가 로맨틱코미디 영화를 보면서 혼자 낄낄대며 웃어댔다. 저녁을 먹을 때도 마찬가지였다. 영희는 초밥을 좋아하는데 철수는 영희를 이탈리안 레스토랑에 데리고 갔다. 영희는 어쩔 수 없이 스파게티를 먹었고, 철수가 이런저런 이야기를 하기에 대화를 조금 나누었다. 그런데 갑자기 철수가 사귀자고 고백을 해서 "아직은 잘 모르겠다"고 대답했다. 그러자 철수는 "내가 널 위해 이렇게까지 해줬는데 고맙게 생각해야 하는 것 아니니?"라며 화를 냈다. 이 모습을 본 영희는 철수와 두 번 다시 만나고 싶지 않았다.

왜 이런 문제가 생긴 것일까? 연애는 상대방이 무엇을 좋아하는지, 상대방이 어떤 상태인지 섣부르게 판단하면 서로 오해하게 되고 실패할 확률이 높다. 연애는 상대방을 존중하는 마음을 갖고 서로의 이야기를 '들어주는 것'에서부터 시작되어야 한다.

앞서 실패했던 수업으로 돌아가 생각해 보자. 나는 학생들에게 교과서 내용과 함께 '미래에 도움이 되기 때문에 꼭 알아야 할 것'이라며 추가 내용을 전달했다. 학생들이 그것을 좋아하는지 아닌지 상관없이 학생들을 이해시키기 위해 최대한 노력했다. 이해가 되지 않는다고 말하는 학생들에게는 "아직도 잘 모르겠어?"라며 수업 내용을 반복해서 가르쳤다. 학생들은 내가 이것을 왜 배워야 하는지도 모른 채, 선생님이 가르쳐주니까 맥없이 듣고만 있었다. 학생들은 선생님이 아직도 모르겠냐고 화를 내자 결국 학습에 의욕을 잃고 말았다.

이 두 사례는 선생님을 철수로, 학생을 영희로, 공부를 연애로 바꾸면 같은 맥락으로 연결된다. 수업도 연애와 마찬가지로 혼자 하는 것이 아니다. 수업은 학생과 교사가 서로 교감하며 진행하는 일종의 '관계 형성' 과정이다. 그러므로 수업이 어렵다고 느껴질 때는 선생님이 의도하는 것이 무엇인지 생각해야 한다. 그리고 학생들이 그 수업에서 어떤 점을 어려워하는지도 고민해야 한다.

그리고 한 가지 더 고려해야 할 사람이 있다. 연애할 때 두 사람의 관계를 지켜보는 다른 친구이다. 그 친구는 상황을 좀 더 객관적으로 볼 수 있기 때문에 두 사람에게 필요한 점을 코칭해 줄 수 있다. 그래서 그 친구가 나와 상대방을 어떤 시선으로 바라보고 있는지를 들어보면 둘 사이의 문제점을 조금 더 수월하게 해결할 수 있다.

우리 교실을 객관적으로 볼 수 있는 가장 좋은 사람은 바로 '옆 반 선생님'이다. 옆 반 선생님은 우리 반 학생들과 내가 가지고 있는 장점과 단점을 객관적으로 파악할 수 있다. 그러므로 수업에서 어려움을 느낀다면 옆 반 선생님이 우리 반을 어떻게 보고 있는지 조언을 구하는 것이 좋다.

:: 수업이 어렵다는 것은 어떤 의미일까?

공개수업을 참관한 선생님들이 "이번 수업은 좀 어려웠어"라고 말한다면 그것은 무엇을 의미하는 것일까? 일반적으로는 '수업 시간에 배운 내용이 어려웠다'는 것을 의미한다. 하지만 그것만으로는 '수업이 어려웠다'는 말을 모두 이해하기는 힘들다. 그래서 수업자와 학생, 옆 반 선생님의 입장에서 수업이 어렵다고 할 때 어떤 차이가 있는지 정리해 보았다.

1. 수업자(교사)

- 수업 내용을 학생들이 잘 이해하지 못했다.
- 수업 준비가 어려웠다.
- 수업을 할 때 학생들이 내가 예상한 대로 행동하지 않았다.
- 학생들이 학습 목표와 관련해 이 활동을 하는 까닭을 잘 이해하지 못했다.
- 학생들이 발표나 표현을 자신 있게 하지 못했다.
- 말하고자 한 내용을 모두 말하지 못했다.

2. 학생

- 수업 내용이 어려웠다.
- 활동에 많은 노력이 필요했다.
- 선생님이 시킨 활동이 너무 어려웠다.
- 선생님이 왜 이 활동을 시키는지 이해가 안 되었다.
- 선생님이 어렵게 설명해 주었다.
- 긴장되고 떨려서 발표나 활동을 잘하지 못했다.
- 모둠 활동을 할 때 친구들과 마음이 잘 맞지 않았다.

3. 참관자(옆 반 선생님)

- 수업 내용이 어려워서 학생들이 이해하기 어려웠다.

- 선생님이 수업을 위해 할 일이 너무 많았다.

- 수업 목표가 명확하지 않아서 무엇을 하는지 잘 알 수 없었다.

- 복잡한 활동을 제시해서 설명하는 시간이 오래 걸렸다.

- 수업에 필요하지 않은 개념이 혼재되어 학습 목표대로 진행되지 않았다.

- 학생들이 선생님의 의도대로 움직이지 않았다.

- 내가 이 수업을 똑같이 우리 반 학생들에게 시도해 볼 자신이 없다.

공통적으로 느낀 어려움은 '수업 내용 자체가 어렵다'와 '준비할 것이 너무 많았다'이다. 이를 제외하면 수업자는 주로 학생들의 행동에서 어려움을 느꼈고, 학생들은 선생님이 제시한 활동을 이해하지 못할 때, 그리고 모둠 활동을 할 때 친구들과의 의사소통에서 어려움을 느꼈다. 참관자는 수업 목표와 활동이 명확하지 않을 때 그 수업이 어렵다고 생각했다.

자, 그렇다면 어렵지 않은 수업을 하려면 어떻게 해야 할까? 결국 위에서 나열한 어려움을 해결하면 교사와 학생 모두 수업이 더 쉽게 느껴질 것이다. 즉 학생과 교사 모두를 위한 '쉬운 수업'이 필요하다.

BK's Recipe
04

쉬운 수업을
찾아서

_____ 두발자전거를 처음 탈 때는 누구나 어렵다. 계속 비틀거리고, 넘어져 여기저기 다치기 일쑤다. 그렇지만 포기하지 않고 계속 도전하면 중심을 잡은 자전거가 어느 순간 앞으로 가기 시작한다. 그때부터는 나와 자전거가 한 몸이 된 듯 쉽게 탈 수 있게 된다.

나는 평소에는 아이들과 허물없는 친구 사이로 지냈고 그만큼 즐거운 추억도 많이 쌓았다. 반대로 수업 시간이 되면 '병사들의 주적은 장교다'라는 말처럼 학생들의 대척점에 서 있는 지배자였다. 그런데 수업에 실패한 원인이 나에게 있었음을 알게 된 순간 큰 슬럼프가 왔고, 수업에 자신이 없어졌다.

나는 이 슬럼프를 극복하기 위해 수업의 가장 기본부터 채워나가기 시작했다. 차근차근 공부해 가며 내 수업 방식과 잘 어울릴 수 있는 방법을 고민해 보았다. 이런 노력을 꾸준히 하자 조금씩 아이들이 활동을 재미있어 하고 배움의 의미를 찾아가는 것을 볼 수 있었다. 그러면서 나 또한 수업이 훨씬 자연스러워졌고 그 결과 나만의 '쉬운 수업'을 찾을 수 있었다.

내가 그리던 교실이 현실이 된 순간, 정말 말할 수 없이 행복했다. 교사의 보람은 학교 밖에서 찾는 것이 아니라 수업 속에서 찾아야 한다는 마음을 갖게 된 것도 이때부터였다. 그리고 내가 그리는 교실 모습에 우리 반 학생들이 함께 있다는 것에 고마움을 느꼈다.

이처럼 수업이 아무리 어렵게 느껴지더라도 꾸준한 노력을 통해 어느 단계를 넘어서면 수업이 조금씩 자연스러워지고 수월해지는 것을 느낄 수 있다. 이 단계가 되면 수업 시간이 마치 자전거를 타는 일처럼 즐겁게 몰입하는 시간이 된다. 선생님과 학생들이 마치 한 몸처럼 배움을 향해 나아가는 행복을 느낄 수 있다.

'쉽다'라는 단어에는 '하기가 까다롭거나 힘들지 않다'라는 뜻도 있지만 '할 수 있는 가능성이 많다'라는 뜻도 있다. 내가 말하고자 하는 쉬운 수업은 '힘들지 않은 수업'과 '성공할 가능성이 많은 수업'이라는 두 가지 뜻을 모두 가지고 있다. 이처럼 '쉽다'는 말에는 긍정과 기쁨의 느낌이 담겨 있다. 그래서 이 개념들을 하나로 모아 '쉬운 수업'

을 다음과 같이 정의하고자 한다.

'쉬운 수업'은 단순히 몸이 편하거나 난이도가 낮은 수업을 말하는 것이 아니다. 교실에 있는 모두가 함께 배움을 즐김으로써 성장할 수 있는 수업을 말한다. 그 과정에서 학생과 교사 모두가 행복하게 일 년을 함께할 수 있는 수업이다. 이를 위해 수업은 '기획, 순비, 실행'이라는 세 가지 요소가 자연스럽게 디자인 되어야 한다.

:: 기획이 명확한 수업

내가 무엇을 하는지 명확히 알고 실천할 때는 자신 있게 나아갈 수 있지만 그렇지 않으면 마치 컴컴한 동굴 속을 걷는 것처럼 머뭇거리다가 결국 포기하게 된다. 수업 또한 마찬가지다. 수업 목표나 방법이 명확하게 제시된 수업과 그렇지 않은 수업은 큰 차이를 보인다. 수업 목표나 방식을 명확하게 끌어가는 방법과 주의해야 할 점에 대해 살펴보자.

• 수업의 방향을 결정한다.

수업 목표는 학습 목표를 지향해야 한다. 수업에 분명한 목표가 없으면 수업은 예상하지 못했던 방향으로 진행될 수 있다.

• 무엇을 배울지 결정한다.

한 차시에 너무 많은 내용을 담으려고 하면 안 된다. 그럴 경우, 학생들이 활동을 하면서도 그 활동을 왜 하는지 이해하지 못하게 된다.

• 어떻게 배울지 규칙을 결정한다.

규칙은 학습 목표 자체와는 직접적인 관련이 없을 수도 있지만, 학습 목표에 도달하는 과정으로써 의미가 있다. 다만 복잡한 규칙은 그것만으로도 학생들에게 버거운 짐이 된다. 학습 목표에 도달하기는커녕 학습 방법을 설명하다가 시간을 다 보낼 수 있으므로 유의해야 한다.

:: 교사와 학생 모두가 쉽게 준비할 수 있는 수업

교사가 아무리 좋은 수업을 했다고 해도 그 한 시간으로 학생을 변화시키는 것은 어렵다. 따라서 꾸준하게 수업 수준을 유지하는 것이 중요하며, 이렇게 정해진 수업 문화를 매일 실천할 수 있어야 한다.

처음 모둠 활동 수업에 도전했을 때, 매일 수업 준비를 열심히 하는 교사가 되기로 마음먹고 실천하기 위해 노력했었다. 그런데 예상치 못했던 난관에 봉착했다. 그때 나를 가장 괴롭혔던 것은 다름 아닌 가위질이었다. 난 가위질을 정말 못하고 싫어한다. 그래서 수업 준비 과정에서 활동지와 학습 카드를 잘라내고 오려내는 일에 시간을 많이 소비했다. 가위질 때문에 수업 준비가 버겁게 느껴질 정도였다.

학생들도 수업 준비가 쉬워야 한다. 한 학생이 프로젝트 발표를 기획한다고 했을 때 가장 중요하게 체크할 것은 그에 필요한 '도구를 준비할 수 있는가?'이다. 학생이 프로젝트 결과를 발표할 때 나무판에 컬러로 인쇄된 POP 글씨를 담기 원한다면 그것을 실행할 수 있는 도구가 있어야 한다. 원하는 도구를 구할 수 없다면 그 프로젝트를 끝까지 완수하기가 쉽지 않다. 그만큼 수업 준비는 학생이 원하는 활동의 방향을 결정하는 데 중요한 요소이다.

:: 실행에 의미가 있는 수업

실행이 쉽다는 것은 단순하게 '몸이 편하다'라는 의미가 아니다. 다음 문제를 보면 그 의미를 쉽게 이해할 수 있다.

다음 중 가장 실행하기 어려운 것은 무엇일까?

① 가족과 일주일간 여행 가기

② 처음 보는 사람과 커피 마시기

③ 혼자서 프레젠테이션 발표 준비하기

④ 젓가락으로 콩 20개 옮기기

사람마다 다르겠지만 나는 ②번이 가장 어렵다. 처음 보는 사람과 자연스럽게 이야기를 잘하지 못하기 때문이다. 상대방의 말을 잘 듣고 맞장구만 잘 치면 된다고 하는데 그것도 나에게는 쉽지 않다.

이처럼 쉽다는 것은 단순히 몸이 편하다는 것을 의미하는 것이 아니다. 누구와 하는지, 이것을 왜 하는지가 더 중요하다. 수업도 마찬가지다. 수업의 주체인 학생들이 스스로 배움을 찾아가기 위해서는 수업을 통해 학습 목표에 담긴 의미를 느낄 수 있어야 한다.

나는 ④번도 ②번만큼은 아니지만 어렵다고 느낀다. 안타깝게도 나는 젓가락질을 잘하지 못하기 때문이다. 하지만 젓가락질을 잘하는 사람은 식은 죽 먹기로 해낼 것이다.

이것은 수업의 학습 수준과 관련이 있다. 아이들마다 학습 수준이 모두 다르기 때문에 어떤 수업은 영철이에게는 쉽게 느껴지지만 한결이에게는 어렵게 느껴질 수 있고 다른 수업은 반대가 될 수도 있다. 그러므로 모두에게 적절한 수업의 난이도란 존재하지 않는다. 학생 개개인의 특성을 잘 파악하고 그 특성에 맞출 수 있는 수업이 좋은 수업이라고 볼 수 있다.

　나에게 만약 이 네 가지 중에서 가장 실행하고 싶은 것 하나를 고르라고 한다면 ①번을 고를 것이다. 분명 다른 세 가지보다 훨씬 준비 기간도 오래 걸릴 것이고, 실제로 경비나 제반 요소도 많이 필요할 것이다. 하지만 ①번은 나에게 큰 의미가 있다. 여행은 우리 가족에게 좋은 추억을 남겨줄 것이기 때문이다. 아무리 몸이 힘들고 노력이 많이 필요하더라도 의미가 있다면 그것은 실행할 가치가 있는 것이다.
　5학년 학생들에게 한 자리 수 덧셈 문제를 풀어보라고 해보자. 아이들은 쉽게 풀 수 있을 것이다. 그런데 선뜻 알겠다고 대답은 하겠지만 바로 실행에 옮기지는 않을 것이다. 왜냐하면 아이들에게 한 자리 수 덧셈은 의미가 없는 일이기 때문이다. 하지만 조금 시간이 걸리고 어렵더라도 본인들에게 의미가 있는 활동이라고 생각된다면 아이들은 즐거워하며 열심히 참여할 수 있을 것이다.

　다시 말하자면, 실행이 쉽다는 것은 그것의 난이도가 쉽다는 것을 뜻하지 않는다. 그것이 '의미'가 될 수 있는가가 가장 중요하다. 수업도 마찬가지다. 난이도를 낮추고 쉬운 활동만으로 이어간다고 해서 학생들이 그 활동에 쉽게 뛰어들지는 않는다. 학생들에게 쉬운 수업은 활동 과정에서 의미를 찾을 수 있는 수업이다.

Q

학습 능력 혹은 이해력이 부족한 아이들을 어떻게 배려해야 할까요?

A

학습 활동을 할 때, 능력 혹은 이해력이 부족한 아이들은 반드시 있기 마련입니다. 그런데 자세히 보면 모든 학생들은 잘하는 영역이 하나쯤은 반드시 있습니다.

부족한 하나의 능력으로 그 사람의 전체적인 능력을 평가하는 것은 학생의 개성을 존중하지 못하는 결과를 만들게 됩니다. 모든 학생들은 각자의 장점과 단점을 고루 갖고 있습니다. 능력 혹은 이해력이 부족하다는 것을 교사가 판단하기 이전에 학생들이 서로 소통하고 교감할 수 있는 분위기를 만들어주는 것이 필요합니다. 서로 잘하는 영역과 부족한 영역을 이해하고, 감싸 줄 수 있는 학급 분위기를 만들어준다면, 학생들은 서로를 배려하고 존중하게 됩니다.

능력 혹은 이해력이 부족한 학생들을 교사가 책임진다고 따로 떼어놓으면, 그 학생들은 학급에서 소외감을 느낄 수도 있습니다. 학생들의 문제는 학생 스스로 해결할 수 있는 자주적인 학급을 만들어주는 것이 교사의 역할이 아닐까 생각합니다.

Q

학생들이 스스로 학습 목표에 도달하지 못할 때는 어떻게 하나요?

A

학생의 활동 중심으로 수업을 구성하다 보면 학생들이 정해진 시간 내에 학습 목표에 도달하지 못할 확률도 분명히 존재합니다. 수업 시간은 한정되어 있기 때문에 시간을 무한대로 제공할 수도 없습니다. 이런 경우 시간에 쫓겨 학생들을 다그치면 활동에 대한 의미 자체를 곱씹지 못하기 때문에 학습에 대한 즐거움을 느끼지 못하게 되는 부작용이 생깁니다.

그래서 저는 모든 학생들이 학습 목표에 도달할 수 있도록, 학습 목표를 가장 낮은 수준으로 계획하는 것을 추천합니다. 학습 목표를 가장 낮은 수준으로 잡는다는 것이 교과서의 학습 목표를 무시하고 새롭게 목표를 선정하자는 뜻은 아닙니다. 교과서에 제시된 학습 목표에 도달하기 위한 가장 핵심적인 내용을 이해하는 데 초점을 두자는 이야기입니다. 선생님의 욕심으로 어려운 문제를 풀게 하거나, 핵심과 관련이 없는 요소를 학습 목표에 추가시키는 것보다는 학생들이 모두 즐기며 이해할 수 있는 수준으로 학습 목표를 구성하는 것이 효율적이라고 생각합니다.

Q

수준별 수업을 해야 할 때 어떤 방법이 좋은가요?

A

개인적으로 수준별 수업을 꼭 수업 중에 해야 할 필요는 없다고 생각합니다. 한 차시의 학습 목표는 하나이고 그 학습 목표에 도달하는 것이 수업의 역할이기 때문입니다. 그리고 그 학습 목표에 먼저 도달한 학생들이 더 높은 수준의 문제를 풀어야 하는 것도 아닙니다.

저는 학생들의 학습 수준을 1부터 10까지로 본다면 학습 목표의 수준을 3~4정도로 놓고 수업을 기획합니다. 이렇게 되면 크게 세 부류로 학생들이 나뉘게 됩니다.

- 상위권 학생 – 문제를 정말 빠르게 해결하고 많은 시간이 남는다.
- 중위권 학생 – 문제를 정해진 시간 안에 스스로 해결한다.
- 하위권 학생 – 문제를 혼자서 해결할 수도 있지만 그러지 못할 확률이 높다.

수준별 수업은 학습 수준이 상위권인 학생들이 하위권인 학생들에게 본인들이 알고 있는 지식을 전달하는 과정을 통해 자신이 알고 있는 지식을 더 세밀하고 촘촘하게 만들어주는 것이라고 생각합니다. 다시 말해서 상위권 학생들이 문제를 해결하고, 하위권 학생들을 도와주는 또래학습법(Peer Teaching)을 활용하는 것입니다. 또래학습법은 상위권 학생들에게는 개념 정리의 효과를, 하위권 학생들에게는 부족한 지식을 습득할 수 있는 기회를 제공합니다. 각자의 장단점을 보완하며 문제를 해결해 나가는 과정을 통해 학생들은 자연스럽게 학습 목표에 도달할 수 있습니다.

Q

집중 시간이 짧은 아이들이 40분간 활동을 적극적으로 할 수 있나요?

A

아이들의 집중 시간이 짧다고는 하지만 친구들과 노는 시간은 40분이 아니라 80분도 모자랍니다. 중요한 것은 혼자 하는 것이 아니라 누군가와 '함께하는 것'입니다.

어른들도 친구들과 대화를 나누면서 무언가를 하면 시간이 참 빠르게 가는 것을 느낄 수 있습니다. 학생들도 마찬가지입니다. 혼자서 무언가를 하는 것이 아니라 친구들과 자유롭게 이야기하면서 수업을 진행하면 40분 수업이 무척 빠르게 느껴질 것입니다.

여기서 중요한 점은 '자유롭게' 대화할 수 있는 학급 분위기가 형성되어 있어야 한다는 것입니다. 누구나 자유롭게 대화를 할 수 있어야 40분 이상을 몰입할 수 있는 수업을 시도할 수 있습니다. 어색한 침묵이 흐른다면 40분은커녕 10분도 제대로 된 수업을 할 수 없습니다.

싱싱한 가르침과 생생한 배움이
살아 숨쉬는 맛있는 수업 노하우!

Part 2
수업이 맛있는
교실 만들기

인정하자.
나는 신이 아니므로 모든 학생의 마음을 알 수는 없다.
모든 학생을 내 마음대로 할 수도 없다.
수업에 힘을 빼자.
수업의 핵심은 살리되, 눈을 돌리고 시야를 넓히자.
학생들에게 수업의 주도권을 주는 대신 내가 차린 교실을 맛집으로 만들자.
내가 오라고 사정하거나 협박하지 않아도 학생들 스스로가 찾아오게 하자.

BK's Recipe
01
───
수업 주도권을
학생에게

_____ 과거에 내가 수업에 실패한 원인은 수업에서 너무 많은 것을 가지려 했기 때문이었다. 그것을 극복하기 위해서는 욕심을 버리고, 교실 전체를 관통할 어떤 한 가지 가치에 집중해야겠다는 생각이 들었다. 생각 끝에 결정한 가치는 '모두가 함께 수업 시간을 즐기는 것'이었다. 그리고 수업 시간을 즐길 수 있기 위해서는 수업 시간이 학생들에게 의미가 있어야 했다.

나는 수업에서 학생들이 어느 한 가지에라도 의미를 느낄 수 있다면, 그것을 방해하는 다른 학습 요소들은 없애주기 위해 노력했다. 수업 내용과 관련성이 부족한 요소들을 생략하고, 학생들이 자신이 가진 의미대로 배움을 만들어갈 수 있게 최대한 자유를 주고자 했다.

이를 위해 나는 2년 동안 같은 학생들을 가르치면서 수업의 주도권을 학생들에게 넘겨주는 방향으로 수업을 구성하고 운영했었다. 그 결과 단 한 명의 학생도 배움을 포기하지 않고 행복하게 모든 활동을 즐길 수 있었다.

:: 수업에서 주도권이란?

학생 중심 수업에 관한 이야기를 하다 보면 "수업에서 주도권을 학생들에게 넘겨주어야 합니다"라는 말을 자주 듣게 된다. 그런데 정작 어떻게 하는 것이 수업에서 주도권을 학생들에게 넘기는 것일까?

국어사전에는 주도권을 '주동적인 위치에서 이끌어나갈 수 있는 권리나 권력'이라고 정의했다. 축구를 예로 들자면 게임의 주도권은 '공을 갖고 있는 선수'에게 있다. 공을 가진 선수는 공을 '어디로 보낼지' 스스로 결정할 수 있다. 이 때문에 상대팀 선수는 공을 가진 선수의 움직임을 주시하며 '따라가야' 한다.

이것을 수업과 연결지어 보면 수업의 주도권은 '수업의 진행 과정을 결정할 수 있는 권리'로 정의할 수 있다. 그런데 수업의 주도권을 학생에게 준다는 것이 단순히 학생들이 '활동을 많이 하도록 한다'는 뜻은 아니다. 학생들이 온몸으로 느끼며 활동을 한다고 하더라도 교사의 '안내'에 따라 진행된 것이라면 그 수업의 주도권은 교사에게 있기 때문이다.

체육 시간에 축구를 한다고 해보자. 축구 활동은 몸을 많이 쓰는 활동이므로 활동 중심 수업이라고 할 수 있다. 하지만 축구 활동 시간에도 주도권은 교사에게 있을 수도 있고, 학생들에게 있을 수도 있다. 기초 축구 훈련이 대표적인 교사 주도형 활동 중심 수업이다. 학생들은 선생님의 의도에 따라 몸을 움직이면서 호흡을 맞춰간다. '이 상황에서는 패스를 이렇게 하고, 슛을 이렇게 한다'라고 교사가 학생들에게 지시하고 학생들은 교사의 말에 따라서 훈련을 한다.

이처럼 단순히 활동을 많이 한다고 해서 주도권이 학생들에게 있는 것은 아니다. 그리고 주도권이라는 말이 모든 것을 좌우할 수 있는 것도 아니다. 위의 상황 모두에서 교사나 학생이 주도권을 가질 수도 있지만 어느 일부분은 교사가 주도권을 갖고, 어느 일부분은 학생이 주도권을 가질 수도 있다. 예를 들어 역할 구성은 교사가 하되, 학생들 스스로 공 차는 방법을 연구해 보도록 할 수도 있고, 포지션별 행동 요령은 교사가 지도하되, 그 역할을 누가 맡을 것인가는 학생들 스스로 선정할 수도 있다.

요컨대 주도권이란 어떤 것을 결정할 수 있는 권리를 말한다. 그러므로 학생에게 수업의 주도권을 준다는 것은 학습 목표에 도달하는 과정을 학생들이 결정할 수 있도록 해주는 것이다.

:: 주도권에 따른 수업 방법

어떤 행동을 할 때는 그 행동을 하는 과정과 그 행동에 대한 결과가 나타난다. 슈퍼마켓의 상황을 예로 들자면 슈퍼마켓에서 맛있는 간식을 고르는 것은 과정이라고 볼 수 있다. 맛있는 아이스크림을 들고 나오는 것이 그 결과이다.

수업도 마찬가지로 과정과 결과로 구분할 수 있다. 수업의 과정은 학습을 하는 과정을 말하고, 수업의 결과는 그 과정을 거쳐서 얻게 된 배움을 말한다. 앞서 말했듯, 교사는 이 모든 것을 교사 혼자서 결정하거나 학생들에게 내어줄 수도 있다. 아니면 어느 일부분만 학생에게 내어줄 수도 있다. 조금 더 구체적으로 살펴보기 위해 수업 방법을 학생들의 활동 방법과 그 결과를 기준으로 분류해 보았다.

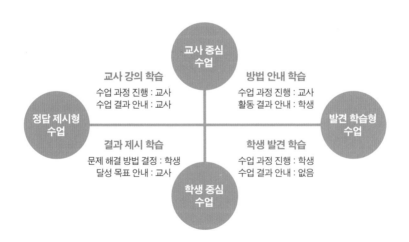

1. 교사 강의 학습

교사가 수업의 A to Z를 모두 알려주는 것으로, 활동 방법은 물론이고 그것에 대한 결과까지 알려주는 수업 방식이다. 강의식 수업이 대표적인 교사 강의 학습으로, 전통적인 수업 방식은 대부분 여기에 해당한다.

구 분	내 용
교사의 역할	• 수업 내용과 수업 결과 알려주기 • 학생들이 해야 하는 과정을 구체적으로 제시
학생의 역할	• 선생님의 안내에 따라 행동하기 • 선생님이 제시한 결과와 내가 해결한 결과가 맞는지 비교하기
수업의 예	• **국어** : 선생님이 단어의 뜻을 설명하면 학생들이 그 단어를 기억함 • **수학** : 선생님이 풀이 과정을 설명하면 학생들이 그 내용을 필기함 • **사회** : 위화도회군의 과정과 의의를 선생님이 설명해 줌 • **음악** : 선생님이 계 이름을 불러주면 학생들이 받아 적음 • **체육** : 선생님이 시범을 보이면 학생들이 따라서 뜀틀을 넘음
장 점	• 모든 활동을 교사가 이끎으로써 학생들에게 빠르게 전달 가능
단 점	• 교사가 제시하지 않는 것은 학생 스스로 생각하지 않음

2. 방법 안내 학습

교사가 수업 방법은 알려주지만 그 결과는 알려주지 않는다. 흔히 과학 실험 시간에 주로 쓰는 학습 방법으로, 실험 방법을 차례대로 알려주고 그 결과는 학생들이 관찰하는 수업 방식을 말한다.

구 분	내 용
교사의 역할	• 수업 내용을 알려주고 학생들의 활동을 구체적으로 제시
학생의 역할	• 선생님의 안내에 따라 행동하기 • 체험한 결과를 스스로 살펴보고 분석하기
수업의 예	• **국어** : 선생님이 신문 만드는 과정을 알려주면 그 과정대로 신문 제작하기 • **수학** : 선생님이 풀이 과정을 설명해 주면 그 방식대로 수학 문제 해결하기 • **과학** : 선생님이 제시하는 실험 방법에 맞게 실험하기 • **미술** : 선생님이 알려주는 방식대로 붓글씨 쓰기 • **체육** : 선생님이 알려주는 방법으로 농구 레이업슛 하기
장 점	• 활동 방법을 학생들에게 알려줌으로써 학습 결과에 도달할 수 있는 확률을 높여줌
단 점	• 교사가 제시하지 않는 것은 학생 스스로 생각하지 않음 • 학생들이 제시한 결과가 교사가 예상한 것과 다를 때 혼란스러워질 수 있음

3. 결과 제시 학습

교사가 활동의 결과는 제시하지만 그 방법은 학생들이 찾아보도록 하는 수업 방식이다. 마치 밤바다의 등대처럼 학습 결과를 미리 알려 주고, 그것을 목표로 학생들이 배를 저어가는 형식의 수업을 말한다. 그런데 많은 선생님들이 '답을 미리 알려주는 것'에는 익숙하지 않다.

구 분	내 용
교사의 역할	• 활동 결과를 미리 보여주고 그 과정을 찾아보도록 하기
학생의 역할	• 선생님이 제시한 것과 같은 결과를 만들기 위하여 고민해 보기
수업의 예	• **국어** : '교실에서 휴대폰을 걷어야 하는가?'가 토론 주제가 될 수 있는지 이유 찾기 • **수학** : '15+37=52'의 풀이 과정을 정리해 보기 • **사회** : 태백이 도시가 될 수 있는 근거 찾아보기 • **과학** : 소나무가 원뿌리와 곁뿌리 식물임을 알 수 있는 근거 찾아보기 • **미술** : 이 그림이 상상화가 될 수 있는 이유 찾아보기
장 점	• 학생들이 활동 결과를 알고 있기 때문에 스스로 그것이 잘된 것인지 잘못된 것인지를 판단하고 올바른 방향으로 찾아갈 수 있음
단 점	• 학습 목표에 도달하는 데 시간이 오래 걸림 • 교사가 제시하는 활동이 너무 어려우면 찾아내지 못하고 중도에 포기할 수도 있음

4. 학생 발견 학습

프로젝트 학습을 할 때 주로 사용하는 수업 방식으로 학생들이 수업 진행 과정과 결과를 모두 결정하도록 하는 유형이다. 이 방식으로 수업을 진행할 때 선생님은 관조자의 역할을 하게 된다. 수업의 흐름이 선생님이 의도하는 방향으로 흘러가지 않더라도 끝까지 지켜봐야 하는 인내심이 필요하다.

구 분	내 용
교사의 역할	• 활동 미션 제시
학생의 역할	• 활동 미션을 해결하기 위해 스스로 프로젝트 기획하고 해결하기
수업의 예	• **국어** : 학생들이 스스로 주제를 정해 뉴스 만들기 • **수학** : 교실에서 볼 수 있는 여러 도형들을 분류해 보기 • **사회** : 서울의 발달 과정 조사해 보기 • **음악** : '행복'을 주제로 작곡해 보기 • **체육** : 학생들끼리 팀을 정해서 티볼 경기 진행해 보기
장 점	• 학생들이 가장 주체적이고 창의적으로 생각을 표현해 나갈 수 있음 • 학습 역량을 키워나가는 데 효과적일 수 있음
단 점	• 학습 목표에 도달하는 데 시간이 오래 걸림 • 모든 것을 스스로 결정해야 해서 제대로 된 방향인지 확인할 수 없음 • 개별적 편차가 심해 학급 전체가 유기적으로 진행하려면 다른 도움이 필요할 수도 있음

:: 주도권을 넘기면 선생님이 필요 없다?

언젠가 학생 중심 교육에 관한 인터넷 기사에 달린 댓글을 본 적이 있다. 그때 가장 인상 깊었던 댓글은 "이제 애들이 알아서 하면 선생은 필요 없는 것 아니냐? 철밥통 이 기회에 다 없애버려라" 하는 것이었다. 이 댓글은 악성 댓글 중 하나였기 때문에 그냥 넘겨버렸지만 다른 댓글들의 전체적인 분위기도 이와 다르지 않아 충격을 받았다.

앞에서 이야기했듯이 세상에는 교실의 선생님을 대체할 것들이 너무나도 많다. 학생들은 인터넷을 통해 유명 강의 동영상을 볼 수 있고 수업에 필요한 더 많은 정보를 쉽게 접할 수 있다.

게다가 학생 중심으로 수업을 진행하면 선생님은 특별히 지도할 필요가 없게 된다. 학생에게 수업의 주도권을 준 상태에서 선생님이 이러저러한 내용을 이야기하는 것은 그 자체로 '간섭'이 될 수 있다. 학생 스스로 배움을 향해 찾아갈 때는 교사의 역할이 별로 눈에 띄지 않는다.

다음 사진은 우리 반 학생들이 모둠별로 토의를 하는 모습이다. 이 사진은 내가 수업 시간에 교실을 돌아다니면서 찍은 사진이다. 그런데 이 사진을 내가 찍었다는 것은 학생들이 활동을 하고 있을 때 나는 그냥 옆에서 지켜보면서 카메라를 들고 있었다는 말이 된다. 과장을 조금 보태 말하자면, 학생들이 수업 시간에 활동을 시작하면 내가 없

어도 수업 진행이 가능하다. 실제로 사진을 자세히 보면 마치 교실에 선생님이 없는 것처럼 아무도 나를 신경 쓰지 않고 같은 모둠원끼리 토의하고 있는 것을 볼 수 있다. 그래서 다른 선생님으로부터 수업 시간에 수업은 안 하고 학생들 사진이나 찍으며 놀고 있는 것 같다는 말을 들은 적도 있었다.

이런 교실에서 선생님은 진짜로 필요하지 않은 걸까?

학생 중심 교육에서 교사의 역할은 조력자 또는 촉진자라고 한다. 교사는 조력자로서 학생들이 하고자 하는 것을 옆에서 도와주고 발전시킬 수 있도록 돕는다. 교사가 조력자로서 아이들을 도울 때, 더욱 깊은 배움이 일어난다고 한다.

그렇다면 교사가 조력자 역할만을 했을 때 나타날 수 있는 문제들을 살펴보자.

첫째, 학생들이 학습 목표와는 상관없는 활동을 하고 있을 때도 학생들이 결정한 배움이라는 이유로 지켜보아야 하는가?

2년 전 국어 수업에서 '상황에 따른 말하기'라는 학습 목표로 수업을 했었다. 학생들에게 회사나 가정 등 다양한 상황에 따라 말하는 장면을 UCC로 만들자고 이야기했다. 그러자 학생들은 '마인크래프트로 UCC 애니메이션 만들기'를 하면 좋겠다고 했다. 나는 아이들이 새로운 방식으로 표현해 보는 것도 좋을 것 같아 환경을 제공하고 옆에서 도와주었다.

문제는 첫 단추부터 잘못 끼워지기 시작했다. 학생들은 국어 시간을 지나 다른 수업 시간이 되었는데도 시간을 더 달라고 요구했다. 나는 무언가에 몰입하는 것 자체가 교육이라는 생각에 허락해 주었다. 아이들은 그렇게 꼬박 하루 동안 세트장을 만들었다.

그런데 가장 중요한 학습 목표인 '상황에 따른 말하기' UCC를 30초짜리 대사로 간단하게 촬영하는 것을 보면서 큰 충격을 받았다. 게다가 세트장은 정말 화려하게 만들어놓고서 전혀 활용하지 않은 채 세트장 구석의 특정 건물 안에서만 UCC를 찍는 것이었다. 큰마음을 먹고 수업을 진행했지만 수업이 전혀 예상치 못한 방향으로 흘러가는 것을 보면서 '내가 수업 시간에 뭘 한 거지?' 하는 회의감이 들었다. 그래서 학생들에게 "그렇게 할 거면 왜 지금까지 마인크래프트를 했었니?"라고 물어보았다. 그러자 아이들은 오히려 "선생님이 세트장 만들라고 했잖아요. 그래서 만들었는데 뭐가 문제죠?"라고 반문했다. 학생들은 자신들의 진행 과정과 결과에서 생겨난 문제점을 전혀 인식하지 못했다. 힘들게 프로젝트를 진행했지만 과정도 결과도 모두 만신창이가 되고 말았던 수업이었다.

둘째, 선생님은 아이들을 위해 모든 것을 도와주는 조력자로서의 역할을 해야 하는가?

조력자는 상대방에게 필요한 것을 도와주는 사람이다. 교실에서는 선생님이 학생들의 조력자 역할을 담당하지만 그렇다고 학생들의 요구 사항을 모두 들어줄 수는 없다. 이 때문에 학생들이 수업에 필요하다고 이런저런 것들을 요청할 때 어디까지 도움을 주어야 할지 많은 고민이 된다. 게다가 요구 사항을 선생님이 힘들게 해결해 줘도 학생들은 그다지 고마워하지 않는다. '호의가 계속되면 권리인 줄 안다'는 말처럼 이런 상황이 반복되면 선생님을 '부리는' 사람 정도로 여기게 되기 때문이다. 이처럼 학생들이 너무 많은 것을 요구하는 탓에 학생 중심 교육을 못 하겠다는 선생님을 본 적도 있다.

'선생님은 조력자다'라는 말로 학생 중심 교육을 단순하게 정의하기에는 선생님의 권위와 역할이 너무 작아진다. 아이러니하게도 이런 교실에서는 학생 중심으로 배움을 이끌어가기가 어렵다.

그렇다면 학생들에게 주도권을 넘긴 수업에서 교사는 무엇을 해야 할까? 학생 중심 수업에서 교사의 역할에 대해서는 다음 장에서 좀 더 구체적으로 살펴보자.

BK's Recipe
02
―――
학생 중심 수업에서
교사의 역할

_____ 수업의 주도권이 학생에게 있다는 것은 '수업의 진행 과정을 결정할 수 있는 권리가 학생에게 있다'는 것을 의미한다. 그런데 앞에서의 문제는 학생들이 수업의 진행 과정을 결정해야 한다는 것을 너무 포괄적으로 해석했기 때문에 벌어진 일이다.

선생님이 존재하는 이유는 학생들만으로 학습의 수준을 높이는 데 한계가 있기 때문이다. 같은 활동을 한다고 하더라도 선생님이 어떻게 하느냐에 따라 그것이 유기적이고 조직적으로 연결될 수도 있지만, 때로는 잘 이루어지지 못할 수도 있다. 그래서 주도권을 학생에게 넘겨줄 때는 선생님의 역할이 더욱 중요해진다. 학생들 스스로 목표를 향해 나아갈 수 있도록 첫 방향을 잘 잡아주어야 하기 때문이다.

다음 수업을 예로 들어보자. 이 수업은 지구본을 활용해 다른 나라의 모습과 수도 등을 알아보는 사회 수업이다. 학생들이 지구본에 있는 여러 나라를 관찰하도록 부루마블 게임을 적용했다. 학생들에게 사회과부도 부록에 있는 지구본을 만들어서 주사위로 활용하도록 안내하고, 부루마블 판에 여러 나라의 이름과 수도를 써넣도록 했다. 그리고 부루마블의 규칙을 이 게임에 맞게 바꾸어 진행했다.

이 수업은 2년 동안 진행한 수업 가운데 학생들이 가장 재밌고 적극적으로 즐긴 수업 중 하나이다. 아이들에게 게임이라는 흥미 있는 놀이를 교과와 잘 접목한 수업이기 때문에 다른 곳에 내놓아도 부족함이 없는 수업이라는 생각이 들었다.

나는 이 수업이 교사가 주도한 수업이라고 생각했다. 왜냐하면 부루마블이라는 게임을 선정하고, 세부적인 규칙과 게임 도구를 안내한 것도 모두 교사였기 때문이었다.

그런데 학생들은 이 수업을 마치고 모두 자신이 무언가를 해낸 것 같은 뿌듯함을 느끼고 있었다. 분명히 교사인 내가 계획한 수업인데 왜 학생들은 스스로 무언가를 해냈다는 생각을 하는 걸까? 이 수업에서 학생들은 '자신들이 수업의 주도권을 갖고 있다'고 생각한 것 같았다.

이 수업을 찬찬히 들여다보면서 내가 한 역할이 무엇인가를 살펴보기로 했다. 나는 이 수업의 시작 단계에서 학생들에게 기본적인 수업

세계 여러 나라의 위치와 수도

- **학습 목표** : 다른 나라의 위치와 수도를 알 수 있다.
- **활동 장소** : 교실
- **활동 도구** : 지구본(사회과부도 부록), 부루마블 판, 쌓기나무
- **활동 과정**

  ① 부루마블 판에 여러 나라와 수도를 기록한다.

  ② 각자 색을 지정하여 지정한 색의 쌓기나무를 1인당 10개씩 나누어 갖는다.

  ③ 쌓기나무 하나씩을 이동할 말로 지정하고 출발선에 놓는다.

  ④ 지구본을 굴려 나온 나라 수만큼 이동한다(열 개 이상의 나라가 나온 경우 열 칸까지만 이동).

  ⑤ 주인이 없는 땅이 나온 경우 그 나라의 수도를 지구본에서 찾는다.

  ⑥ 가장 먼저 찾는 사람이 그 지역을 차지한다. 영역 표시로 쌓기나무 한 개를 놓는다.

  ⑦ 주인이 있는 땅에 도착한 경우 땅 주인에게 자신이 가진 쌓기나무 한 개를 지불한다.

  ⑧ 일정 시간이 지난 후 가장 많은 쌓기나무를 가진 사람을 우승자로 한다.

영역 표시 및 말 이동

지구본을 굴려 나온 나라 수만큼 이동

나라와 수도 찾기

사회과부도를 보며 세부 내용 확인

활동의 규칙(Rule)과 각자 해야 하는 역할(Role)을 부여했고, 규칙을 벗어나지 않는 수준에서는 자유롭게 활동할 수 있도록 해주었다. 그 랬더니 규칙 안에서 마음껏 자율성을 누릴 수 있었던 학생들은 자기 자신이 수업의 주체가 되었다고 생각하고 적극적으로 수업에 참여했 던 것이다. 만약 학생들이 활동하는 도중에 내가 지속적으로 개입을 했다면 학생들은 활동의 자유로움을 느끼지 못했을 것이다.

이처럼 교사는 단순히 학생들이 활동을 잘할 수 있도록 받쳐주는 역할만 해서는 안 된다. 교사는 활동에 대한 위험 요소를 미리 생각해 보고 수업에서 일어날 수 있는 부작용을 최소화할 수 있어야 한다. 수 업의 주도권은 학생들에게 양보하되, 교사는 그 주도권의 한계를 미 리 지정해 주는 규칙과 역할을 만들어내는 사람이 되어야 한다.

BK's Recipe
03
_____
스스로 참여하는
플랫폼 만들기

_____ 전국에 수많은 식당이 있지만, 그중에서도 장사가 유독 잘 되는 집이 있다. 식당은 누구나 열 수 있지만, 맛집은 아무나 할 수 없다.

식당과 맛집은 들어가는 목적 자체가 다르다. 일반적인 식당은 배고픔을 해결하기 위해서 '들어간다'. 하지만 맛집은 음식을 맛보고 싶은 호기심, 맛있는 것을 먹음으로써 느끼는 행복 등 배고픔 이상의 것을 채우기 위해 '찾아간다'. 거리나 다른 여건에 상관없이 맛집에 가는 것 자체가 맛집을 찾는 이유가 된다.

사람들은 각자의 목적을 가지고 맛집을 찾아간다. 어떤 사람들은 데이트 장소로, 어떤 사람들은 기사나 블로그 포스트를 쓰기 위해 찾아갈 것이다. 많은 사람들이 의미를 스스로 만들어가면서 맛집은 단순한 식당이 아닌, 하나의 의미 있는 공간으로 발전한다. 평범하지만 특별한 공간으로서의 가치가 생겨나고 더 나아가 춘천의 닭갈비, 전주의 비빔밥, 마라도의 짜장면처럼 그 지역의 문화가 되기도 한다.

맛집처럼 하나의 공간에서 사람들이 모임으로써 어떤 공통된 의미가 발생하고, 가치가 높아지는 곳을 플랫폼(Platform)이라고 한다.

'학생들이 학교에 왜 올까?'를 생각해 보자. 대부분 공부를 하러 온다고 생각하겠지만, 실제로는 특별한 이유 없이 학교에 오는 경우가 많다. 학교에 오는 것 자체가 학생들에게는 그저 의무이기 때문이다. 이런 상태에서 학생들에게 무언가를 지시하거나 강요하면 학생들은 당연히 수동적인 자세를 취할 수밖에 없다. 그것을 해야 할 당위성을 찾지 못하는 것이 수동적으로 행동하게 만드는 가장 큰 이유다. 그렇다면 어떻게 해야 학생들이 능동적으로 학교에 오고 수업에 참여할 수 있을까?

학생들이 스스로 학습 목표를 향해 나아가도록 하기 위해서는 수업 자체에 매력이 있어야 한다. 끌려오는 것이 아닌 '내가 맛집을 선택해 가듯' 스스로 수업에 참여하고 싶도록 만들어야 한다. 그리고 학생들이 스스로 배움의 길을 선택할 수 있도록 교사는 그것을 받쳐수는 플랫폼이 되어야 한다. 다시 말해서 수업의 주도권을 학생들에게 넘겨주기 위해서 교사는 학생들에게 매력 있는 수업을 제시하고 학생들이

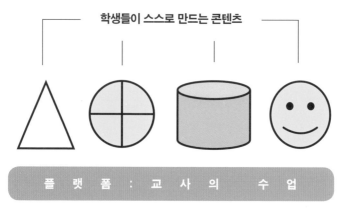

플랫폼과 콘텐츠 생산자

스스로 수업에 뛰어들 수 있는 놀이터를 만들어주어야 한다.

수업에 적극적으로 뛰어들 수 있는 놀이터를 제공할 때 학생들은 그 놀이터에서 스스로 배움에 빠져든다. 이렇게 배움에 빠져들어가다 보면 새로운 무언가를 만들어낼 수 있는 더 큰 플랫폼으로 확장된다. 확장된 플랫폼은 더 깊이 있는 콘텐츠를 만들어내는 초석이 되어 또다시 새로운 플랫폼으로 발전한다. 이런 일련의 흐름을 거치면서 그것은 하나의 수업 문화로 발전하는 것이다.

플랫폼의 확장

:: 맛집의 주인이 되자

사람들이 맛집에 갔을 때는 흔히 그 집의 대표 음식을 주문한다. 강릉의 초당동으로 순두부를 먹으러 가는 것이 대표적인 예다. 먹을 것이 순두부밖에 없어서 순두부를 먹어야만 하는 상황과 순두부를 잘하는 맛집이라서 주문하는 상황은 분명히 다르다. 전자는 강요받은 것이고, 후자는 직접 선택한 것이다. 그러므로 전자보다 후자일 경우가 훨씬 만족감이 클 것이다. 교실 상황으로 예를 들자면, 선생님의 강의식 수업을 선택지 없이 일방적으로 들어야 하는 경우보다 학생들 스스로가 모르는 내용을 알려달라고 요청하여 선생님께 설명을 듣는 경우가 훨씬 즐거울 것이다.

교사가 플랫폼이 된다는 것은 학생들이 마음껏 뛰어놀 수 있는 운동장이 된다는 것을 말한다. 교사가 학생들이 마음껏 뛰어놀 수 있는 '매력적인' 운동장을 만들어주면 학생들은 그곳에서 축구를 할 수도 있고, 농구를 할 수도 있다. 놀다가 지치면 누워서 쉴 수도 있다. 분명한 것은 그 과정에서 학생들은 서로 이야기를 나누고 함께하며 의미를 느끼게 된다는 것이다.

운동장에서 축구를 하고자 한다면 축구를 하라고 강요하는 것이 아니라 축구가 재미있다는 것을 느끼게 해주면 된다. 그리고 축구공만 던져주자. 그러면 교사가 시키지 않아도 아이들이 스스로 팀을 짜서 축구 하는 모습을 볼 수 있을 것이다. 여기서 교사는 학생들과 같이 놀

플랫폼의 역할은 상대방이 무언가를 할 수 있는 '판'을 만들어주는 것이다.

아주거나 이야기를 나눌 수도 있지만, 아무것도 하지 않아도 상관없다. 학생들은 교사가 제공해 준 놀이터에 스스로가 뛰어드는 것 자체만으로도 행복감을 느끼기 때문이다.

요컨대, 교사가 제시한 판(플랫폼)이 매력이 있다면 학생들은 플랫폼이 갖고 있는 방향성을 느끼면서 자연스럽게 움직인다. 그래서 학생들은 자신이 주체적으로 배움을 결정한다고 생각하지만, 그 과정에서 교사가 의도한 방향을 크게 벗어나지 않고 자연스럽게 배우게 된다.

교사가 수업 생태계의 플랫폼이 된다는 것은 학생들이 스스로 배움을 느끼는 과정에서 가장 핵심이 '교사'가 된다는 말이다. 학생에게 주도권을 넘겨주었지만 그 판 자체를 교사가 만들었기 때문이다. 그렇게 되면 학생들은 교사가 오라고 부탁하거나 강요하지 않아도 마치 자석처럼 교사에게 모여든다. 그래서 의미 있는 수업 문화가 형성된 교실의 교사는 그 자체만으로도 보람과 행복을 느낄 수 있다.

학생들이 스스로 배움을 느끼는 과정의 가장 큰 핵심은 교사이다.

BK's Recipe
04

수업에 힘을 빼자

      ____ 선생님은 학생들에게 항상 좋은 수업을 제공해야 할 의무가 있다. 이때 좋은 수업이 어떤 수업인지를 선생님들에게 물어본다면 많은 선생님들이 공개수업을 떠올릴 것이다. 그런데 언젠가 연수를 진행하면서 매일 공개수업하듯 수업을 하라고 한다면 어떻게 할 것인가를 물어보았더니 많은 선생님들이 얼굴을 일그러뜨리면서 손사래를 치셨다. 공개수업을 준비하듯 매일 수업 준비를 하는 것은 그만큼 선생님들에게 매우 큰 의지가 요구되기 때문이다. 그래서 교사는 무리하지 않는 선에서 학생들의 배움을 위한 수업 순비를 할 수 있도록 나름의 기준을 갖고 있어야 한다. 즉 쉬운 수업 준비가 필요하다.

:: 꾸준함이 생명이다

새해가 되면 많은 사람들이 세우는 대표적인 계획이 바로 다이어트다. 굳은 결심으로 시작하지만 며칠이 지나면 다시 원래의 생활 습관으로 돌아가고 만다. 사람들이 다이어트 방법을 몰라서 실패하는 것이 아니다. '운동을 꾸준히 하자', '규칙성 있는 식단을 구성하자' 등 건강하게 다이어트 하는 방법은 누구나 알고 있다. 그럼에도 불구하고 다이어트에 실패하는 가장 큰 원인은 꾸준히 실천하지 못하기 때문이다. 무리하게 계획을 세워놓고 날마다 실천하기 힘들어서 아예 포기해 버린다.

좋은 수업을 하는 것도 다이어트와 마찬가지이다. 아무리 좋은 수업이라고 해도 꾸준히 지속하지 않는다면 그 수업은 한 번의 이벤트로 끝날 뿐이다. 하루에 100의 에너지를 쓸 수 있다면 에너지 전부를 수업에 써버리고 그 수업 이후에 탈진하는 선생님이 되기보다는 20~30의 에너지를 쓰더라도 배움의 가치를 느낄 수 있는 수업을 매일 지속하는 선생님이 되어야 한다.

좋은 수업은 대단하고 멋져 보이는 수업이 아니다. 보여주기에만 치중한 수업은 선생님과 학생 모두가 '헌신적으로' 노력해야만 가능하다. 또 그런 노력을 해야만 학생들이 성장할 수 있는 것도 아니다. 학생들이 무언가에 몰입하는 과정에서 의미를 느낄 수 있다면 그 자체로 학생들은 성장할 수 있다. 그래서 어떤 결과를 꼭 도출하지 못하더라도 그 과정 자체에 집중해야 한다. 좋은 수업은 외형적으로는 화려하지 않더라도 학생들이 배움 자체에 집중할 수 있도록 디자인된 수업이다.

:: 꼭 필요한 것만 집중하자

수업을 준비할 때 힘이 많이 드는 이유는 수업의 외적인 면에 더 집중하기 때문이다. 수업에 힘을 뺀다는 것은 수업 목표에 집중하되, 학습 목표와 관련이 적은 부분은 최대한 배제하는 것이다. 수업의 기획과 준비, 실행 과정에서 어떻게 힘을 뺄 수 있는지 알아보자.

• 수업에 힘을 빼기 위해 필요한 것 •

기획	학습 목표에 집중하기	
준비	불필요한 노력 하지 않기	학습 본질에 충실하게
실행	학습 과정에 집중하기	

1. 기획

• 학습 목표에 집중하고 다른 부가적인 요소는 수업에 담지 않는다.

학습 목표에 도달하는 과정에서 동시에 다른 학습 요소가 부가적으로 신장된 수업은 정말 좋은 수업이다. 그러나 짧은 수업 시간에 두 개 이상의 목표에 도달하려는 것은 학생들에게 무리한 요구가 될 수 있다. 또한 다른 학습 요소를 강조한 나머지 학습 목표 자체에 온전히 집중하지 못한다면 그 수업은 좋은 수업이 될 수 없다(예 : 분수의 덧셈과 뺄셈을 익히는 수업에서 그림 표현력을 신장시키려고 하는 경우).

• 혼자 모든 것을 구성하지 않는다.

'혼자 가면 빨리 가지만 함께 가면 멀리 간다'는 아프리카 속담처럼 모든 수업을 혼자서만 해내려고 욕심을 내다 보면 능력의 한계에 부딪히기 쉽다. 그러므로 다른 선생님의 수업이나 더 나아가 내 주위의 모든 것에서 수업의 아이디어를 얻어보자.

2. 준비

• 학습 목표에 꼭 필요한 도구만 쓴다.

학습 목표 도달에 꼭 필요하지도 않은데 선생님이 새로운 도구를 한번 써보고 싶은 욕심으로 학생들에게 제공해서는 안 된다(예 : 꼭 필요하지 않은데 스마트 기기를 수업 시간에 활용하는 경우).

• 수업 도구를 꼭 만들어야 하는 것은 아니다.

무리해서 수업 도구를 만들지 않아도 주변에서 수업 도구를 구할 수 있으면 그것을 잘 활용할 수 있는 방법을 찾는다(예 : 발표용 마이크가 필요할 때 직접 만드는 것이 아니라 방송실 마이크를 빌려 사용한다).

3. 실행

• 학습 목표 도달에 꼭 필요한 활동만 한다.

교사가 학생들의 결과물에 욕심을 부리면 학생들은 부담을 느끼고 싫어한다. 학생들이 의미를 느낄 수 있도록 활동에 집중하되, 불필요하다고 인식되는 활동은 과감하게 생략한다(예 : 학급 신문 만들기를 하는데 학급 환경 구성을 위해 화려하게 꾸며서 게시하도록 하는 경우. 신문의 본질인 기사와 구성에 집중하도록 해주어야 한다).

BK's Recipe
05

쉬운 준비,
쉬운 수업

_____ 반 학생들과 '신문 만들기' 프로젝트를 진행한 적이 있다. 신문 주제는 '우리 반에서 있었던 일'이었다. 그런데 한 모둠의 학생들이 기사를 쓰려다 말고 갑자기 카메라를 들고 어디론가 나가는 것이었다. 그래서 학생들에게 어디 가느냐고 물었더니 아이들은 지난번 일을 '재연'해서 사진을 찍어 신문에 넣으려 한다고 했다. 아이들의 말을 듣고, 그제서야 내가 찍어둔 수업 사진들을 웹하드에 저장해 둔 것이 기억났다. 학생들에게 웹하드에서 필요한 사진을 다운받는 방법을 설명해 주었더니 학생들이 "선생님, 그 이야기를 이제 하면 어떡해요. 그 사진들이 없어서 얼마나 고민했는지 아세요?"라며 하소연을 했다. 다행히 프로젝트 초기여서 모든 학생들이 무사히 신

문 만들기를 마무리할 수 있었지만 불필요하게 시간과 노력이 더 소모된 경우였다.

:: 수업에도 메뉴판이 필요하다

이 수업에서 나는 가장 기본적인 실수를 했다. '선생님이 제공할 수 있는 학습 자료'를 명확하게 알리지 않은 것이다. 처음 프로젝트를 설명하는 단계에서 학생들의 힘으로 해결하기 어려운 것 가운데 선생님이 해줄 수 있는 자료와 주변에서 활용 가능한 것을 안내해 주었다면 학생들의 고민을 줄여줄 수 있었을 것이다.

식당에서 메뉴판의 설명이 명확하지 않다면 손님은 점원에게 어떤 음식을 먹을 수 있는지 계속 물어봐야 할 것이다. 그렇게 불친절한 식당은 자주 가고 싶지 않게 되고, 당연히 장사가 잘될 리도 없다.

수업에서도 학생들이 선생님에게 이것저것 도와달라고 협상을 많이 하면 할수록 그 수업은 원활하게 진행되지 않는다. 학생들이 수업 목표가 아닌 다른 데 에너지를 쏟게 되어 진행의 효율성이 떨어진다. 또한 학생들끼리 나누는 대화보다 선생님과의 대화가 많아지면 선생님의 의견이 반영되기 쉽다. 선생님은 모든 학생들과 계속 협상을 해야 하기 때문에 수업과 관련 없는 이야기를 반복해야 하는 불편함도 따른다. 그래서 최악의 경우, 수업 운영의 주도권 자체가 선생님에게 다시 돌아오는 상황이 벌어지게 된다. 이 때문에 수업에도 메뉴판이 필요한 것이다.

메뉴판을 보고 손님 스스로 메뉴를 선택하는 것처럼, 수업을 시작할 때 학생들에게 가이드라인을 제시하면 학생들은 선택지 안에서 최선의 방법을 스스로 만들어간다. 학생들이 운영에 대한 주도권을 유지하면서도 최대한 합리적인 방법을 모색할 수 있는 것이다. 선생님도 불필요한 대화를 줄일 수 있어서 도움이 꼭 필요한 아이들을 살피는 데 시간을 쓸 수 있다.

:: 배움에 집중한 교실

학생 중심으로 수업이 이루어지려면 학생들의 의지가 무엇보다도 중요하다. 하지만 학생들이 원하는 것을 학생들의 노력만으로 해결하라고 하는 것은 오히려 학습 동기를 저하시키는 결과를 가져온다. 학생들이 수업에서 종이를 잘라 붙이려고 한다면 최소한 가위와 풀, 색종이 등이 제공되어야 활동에 집중할 수 있다. 만약 그런 준비물이 교실에 없어서 학생들이 직접 찾아나서면 수업 분위기가 어수선해지고, 수업의 흐름이 끊긴다. 다른 대체 방법으로 수업을 이어나가더라도, 수업 준비를 학생 스스로 다 해야 한다면 학생들은 활동을 즐기지 못하고 수업을 '피곤한 일'로 여기게 된다.

애초에 책임지지 못할 프로젝트를 계획하는 경우도 마찬가지다. 왠지 학생들이 좋아할 것 같다는 이유로 학급 여행 프로젝트를 제안했다고 하자. 학생들은 서로 토의하면서 여행 계획을 열심히 세울 것이다. 하지만 이때 여행을 갈 수 있는 여건이 마련되지 않으면 그 프로젝트는 실행 가능성이 없는 활동이 된다. 실행 불가능한 프로젝트를 일회성으로 제안할 수는 있겠지만, 이런 일이 계속 반복되면 학생들의 참여도는 떨어지게 된다.

이처럼 교사는 학생들이 활동에만 집중할 수 있도록 충분한 환경을 제공해야 한다. 그리고 학생들의 활동이 계획이나 구성에 그치지 않고, 도출된 결과를 실천해 보도록 도와주어야 한다.

요컨대, 교실을 배움의 플랫폼으로 만들기 위해서 교사는 매력적인 플랫폼을 제공함과 동시에 학생들이 하고자 하는 일을 실천할 수 있도록 플랫폼에 대한 책임을 져야 한다. 그래야만 학생들은 자신이 선택한 배움의 과정에 집중함으로써 보람과 의미를 느낄 수 있다.

:: 불필요한 에너지를 줄이자

아무리 학생 중심으로 수업을 진행한다고 하더라도 그 수업에 대한 방향은 교사가 제시해 주어야 한다. 하지만 수업 준비는 학습 목표의 핵심에 도달하는 데 결정적인 역할을 하는 것이 아니므로 에너지를

많이 투자할 필요는 없다. 특히 수업을 할 때마다 항상 새로운 무언가를 만드는 것은 좋은 방법이 아니다.

나는 신규 시절에 학생들에게 장담했던 '날마다 활동 중심 수업하기'라는 약속을 지키지 못했다. 가장 큰 이유는 가위질이 서툴고 귀찮아서였다. 한 시간 수업을 구상할 때 걸리는 시간은 20~30분 정도인데 반해, 매 수업마다 무언가를 자르고 오리고 붙이는 데는 3시간 이상이 걸렸다. 이렇게 수업 준비를 힘들게 해오면 아무래도 학습 목표보다 준비물을 이용한 활동이 우선 순위가 된다. 그리고 활동이 원활하게 이루어지지 않으면 내가 준비한 학습 준비물이 아까워 학생들을 다그치게 된다. 그러면 아이들은 쫓기듯 과정을 진행하게 되고, 활동에 부담을 느껴서 결국 수업을 거부하는 지경까지 이르게 되는 것이다.

이처럼 배움의 판을 만들기 위해서는 선생님의 수업 준비가 수월해야 한다. 매시간 무리한 수업 준비는 수업의 질 향상에 큰 도움이 되지 않는다.

불필요한 에너지를 줄이는 방법은 의외로 교실에서 찾을 수 있다. 교실에는 수많은 도구가 있지만 평소에는 본래의 용도로만 한정해서 사용한다. 하지만 '등잔 밑이 어둡다'는 말처럼 무심코 지나쳤던 수많은 도구들은 훌륭한 수업 재료가 될 수 있다.

사물함은 물건을 보관하는 도구이지만, 정육면체 모양이므로 도형 수업에 활용할 수 있다. 사물함을 활용하면 수업 시간에 정육면체를 자르고 만들 필요가 없어지므로 그 시간과 노력을 줄일 수 있다. 이렇게 교실에서 눈에 보이는 사물들을 수업과 연결지어 활용하면 다음과 같은 장점을 발견할 수 있다.

1. 교사

- 매일 학생들의 배움을 디자인하더라도 무리가 되지 않는다.
- 수업에 학습 목표 이외의 욕심을 덜 부리게 된다.
- 수업의 군더더기를 줄일 수 있다.
- 같은 주제라도 도구와 방법을 다양하게 적용해 수업을 다채롭게 만들 수 있다.

2. 학생

- 주변의 모든 것을 아이디어와 연결할 수 있는 새로운 눈을 기를 수 있다.

- 프로젝트 진행에 대한 부담이 적어진다.

- 자신과 수업 목표가 연결되어 있음을 알게 되어 수업의 의미를 조금 더 구체
  적으로 깨닫게 된다.

BK's Recipe
06
하나의 방법,
다양한 수업

_____ 나는 시간이 날 때 짬짬이 블로그에 수업 내용을 정리해서 올리기를 좋아한다. 수업 내용을 올리는 과정을 통해 학생들과의 활동을 잘 정리할 수 있어서 꾸준히 하려고 노력하고 있다.

그런데 가끔씩 놀라운 댓글을 볼 수 있다. 다른 학년의 선생님들이 내가 쓴 글을 보고 자신의 수업에 적용해 보고 싶다는 것이다. 그리고 실제로 다른 선생님이 우리 반의 수업을 내가 생각한 것과는 전혀 다른 방식으로 새롭게 변형해서 수업을 진행하는 것을 본 적도 있다. 분명 나는 우리 반에 맞게 수업을 구상해서 진행했는데, 하나의 수업이 그 자체로 끝이 아니라 다양한 방법으로 진화할 수 있다는 것을 알게 되었다.

하나의 목적지에 도달할 수 있는 길은 수없이 많고, 같은 고속도로를 타고 가더라도 서울, 인천, 수원 등 다양한 곳으로 갈 수 있다. 이처럼 하나의 수업 방법은 한 가지 목표를 달성하는 데에만 활용되는 것이 아니라 다양한 단원과 차시에 활용될 수 있다.

다시 말해서 6학년 수업 시간에 활용된 활동은 6학년 한 차시에서만 활용되는 것이 아니라 1학년에서 활용할 수도 있고, 대학교에서 활용할 수도 있다. 그러므로 같은 학년의 같은 차시 수업들만 참고할 필요는 없다.

세상의 모든 것은 교육적으로 활용할 수 있다. 그러므로 쉬운 수업을 위해서는 수업에 대한 시야를 넓혀나가는 것이 매우 중요하다. 세상에 존재하는 수많은 요소를 활용해 학습 목표에 도달하도록 잘 어울리게 만들 수 있다면 수업은 훨씬 다채롭고 풍성해질 수 있다.

수업이 막혀 길을 찾다가 어려움을 느낀다면 전혀 관계가 없다고 여겨지는 수업들을 찾아보자. 새로운 아이디어를 얻는 등 예상 외로 큰 도움이 된다.

:: 방법은 같지만, 수업은 다르게

1. 도서관에서 보물찾기

5학년에서는 글의 흐름을 보며 낱말의 뜻을 유추하는 단원이 있고, 6학년에서는 관용어가 책에서 어떻게 활용되는지를 살펴보는 단원이 있다. 이 단원을 진행하면서 실제로 어떻게 활용할 수 있는가를 생각해 보기로 했다. 사전에 약속한 내용에 대해 도서관에서 책 속의 낱말이나 문장을 찾아서 그것의 의미를 함께 이야기해 보는 수업을 진행해 보았다.

2. 커뮤니티 맵핑 – 우리 마을 지도 만들기

커뮤니티 맵핑이란 구성원들이 함께 특정 주제에 대한 정보를 현장에서 수집하고 이것을 지도로 만들어 공유하고 이용하는 과정을 말한다. 이 기법을 활용해서 다양한 주제를 가지고 우리 마을 지도를 함께 만들어보면 어떨까 하는 생각이 들었다. 그래서 5학년 과학의 〈식물의 구조〉 단원에서는 우리 마을 식물 지도를 만들어보고, 5학년 국어의 〈소중한 우리말〉 단원에서는 우리 마을 간판을 보며 우리말 지도를 제작하였다.

도서관에서 보물찾기

- **학습 목표** : 낱말의 뜻을 짐작하며 글을 읽을 수 있다(5학년).
  관용 표현의 뜻을 생각하며 글을 읽을 수 있다(6학년).
- **활동 장소** : 학교 도서관
- **활동 도구** : 각자가 선정한 책과 활동지
- **활동 과정**
  ① 각자 책을 선정한다.
  ② 책에서 필요한 단어나 문장을 찾는다.
    - 5학년 : 뜻을 잘 모르는 단어를 찾는다.
    - 6학년 : 관용 표현 또는 속담을 찾는다.
  ③ 사전이나 인터넷을 활용해 그 말의 뜻을 찾는다.
  ④ 관련 내용을 활동지에 기록한다.

책 선정하기

책에서 필요한 단어나 문장 찾기

사전에서 어떤 뜻인지 찾기

활동지에 정리하기

우리 마을 지도 만들기

- **학습 목표** : 식물의 특징을 이해할 수 있다(과학).
  우리말을 지키고 가꾸기 위해 해야 할 일을 이해할 수 있다(국어).
- **활동 장소** : 우리 마을
- **활동 도구** : 카메라와 활동지
- **활동 과정**
  ① 마을에서 학습 목표와 관련된 것을 찾는다.
  – 과학 : 우리 지역의 식물을 찾는다.
  – 국어 : 우리말로 된 간판을 찾는다.
  ② 모둠별로 사진을 찍고, 마을 지도에 표시한다.
  ③ 함께 이야기를 나누며 모둠별로 기록한 것을 한데 모은다.
  ④ 정리하여 하나의 마을 지도를 만든다.

우리말로 된 간판 찾기

모둠별로 기록하기

자료 정리하기

마을 지도 만들기

:: TV에서 아이디어 찾기

1. 하우머치 - 돈의 가치 생각해 보기(더 지니어스)

경제 단원의 전체적인 큰 흐름은 돈의 개념을 이해하고 그것을 바탕으로 어떻게 우리 경제가 발전해 왔는가를 알아가는 것이다. 그래서 가장 먼저 돈의 가치를 어떻게 판단할 것인가를 생각해 보기로 했다.

〈더 지니어스〉는 다양한 추리와 심리게임이 펼쳐지는 케이블 방송 프로그램인데, 여기서 소개된 하우머치 게임을 수업에 적용해 보기로 했다. 하우머치 게임은 어떤 특정 상품에 대해 가격을 만들어보는 게임으로 이번 수업과 잘 어울릴 것 같아서 그 게임을 수업용으로 재구성하였다.

2. 직육면체 진품명품 - 직육면체의 조건 알아보기(TV쇼 진품명품)

일반적으로 학생들은 직육면체에 대한 개념을 잘 알고 있다고 하지만 대충 비슷한 것을 직육면체라고 보는 경우도 많다. 그러므로 처음 개념을 잡을 때는 조금 더 정확하게 이해할 수 있도록 수업을 진행할 필요가 있다.

직육면체의 기준에 가장 적합한 예를 찾기 위해 〈TV쇼 진품명품〉이라는 방송에서 아이디어를 얻은 〈직육면체 진품명품〉이라는 이름으로 수업을 진행해 보았다.

하우머치 - 돈의 가치 생각해 보기

- **학습 목표** : 돈의 개념을 이해할 수 있다.
- **활동 장소** : 교실
- **활동 도구** : 〈얼마면 되겠니?〉 활동지
- **활동 과정**

    ① 〈얼마면 되겠니?〉 활동지를 모둠별로 작성하기

    (예 : 내가 정말 좋아하는 점심시간 - 10,000원)

    ② 각 모둠별로 상황을 제시하면 다른 모둠에서 그것의 가격 생각해 보기

    ③ 가격을 작성한 모둠과 가장 비슷한 가격을 제시한 모둠에게 점수 부여하기

    ④ 돈의 가치에 대해 함께 이야기하기

모둠별로 활동지 작성

〈얼마면 되겠니?〉 활동지

얼마인지 이야기해 보기

돈의 가치에 대해 이야기하기

직육면체 진품명품 - 직육면체의 조건 알아보기

- **학습 목표** : 직육면체의 개념을 이해할 수 있다.
- **활동 장소** : 교실
- **활동 도구** : 직육면체라고 생각되는 물건
- **활동 과정**
  ① 직육면체라고 생각되는 물건 준비하기
  ② 직육면체의 조건에 일치하는 물건 선정하기
  ③ 직육면체가 가져야 할 결정적 속성과 비결정적 속성 찾기
  ④ 직육면체의 정의 만들어보기

직육면체라고 생각되는 물건 준비하기

직육면체 진품명품 선정하기

결정적, 비결정적 속성 찾기

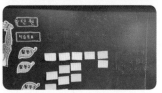
직육면체의 정의 정리하기

BK's Recipe
07
—
교실을
활용한 수업

_____ 교실에 어떤 물건이 있는 이유는 교사와 학생에게 그 물건의 본래 용도가 필요하기 때문이다. 책상은 학생들의 책을 올려놓기 위해, 의자는 앉기 위해 교실에 있다. 도구를 쓰는 사람이 그 의미과 가치를 한정해서 사용한다면 이 사실은 고정관념으로 굳어진다. 하지만 도구는 그 자체로 의미를 갖지는 않는다. 도구를 수업에 연결하는 것은 이러한 고정관념을 깨는 것에서부터 시작된다.

유아들은 사물을 보는 눈이 어른들과는 다르다. 도구에 대한 고정관념이 형성되지 않았기 때문이다. 대신 도구의 특징을 오감으로 느끼면서 도구의 쓰임을 자의적으로 '판단한다'. 예를 들어, 유아들은 베개를 쌓아서 침대 위로 올라가는 발판으로 이용하기도 한다. 베개는 가

법고, 높이가 낮으므로 이를 활용해 '침대 위로 올라가기'라는 자신의 목표를 이룬 것이다. 또한 유아들은 무엇이든 다 두드리는 도구로 활용한다. 국자 같은 주방 도구, 리모컨, 젓가락 등 '두드리면 소리가 난다'라는 특성을 활용해 소리를 내고자 하는 목표를 달성한다. 유아들의 이런 특징은 오감으로 사물을 판단하는 사고에서 비롯된다.

교실에도 수많은 사물들이 있지만, 대부분은 본래의 용도로만 쓰인 채 교실 한구석에 보관되어 있다. 도구의 특징을 분석하여, 수업 시간에 적절하게 사용하면 수업을 준비하는 데 많은 시간과 노력을 투자하지 않아도 원하는 수업을 할 수 있다. 이런 방식으로 불필요한 노력을 줄이고 수업 본연의 가치를 살려보자.

:: 수업 준비물은 교실에서

도구에 대한 고정관념을 바꾸면 수업에서 다양한 방식으로 활용할 수 있다. 이것을 교실 전체로 확장하면 교실이 하나의 보물창고처럼 변한다. 수업에 활용할 수 있는 모든 것이 숨 쉬고 있는 교실! 생각만 해도 신기한 일이 아닐 수 없다. 그래서 우리 반 교실의 보물을 몇 가지만 꺼내보았다.

예를 들어, 쌓기나무는 6학년 수학 〈쌓기나무〉 단원에서 나오는 도구이다. 이 단원이 끝나면 교실 사물함 어딘가에 처박혀서 다시는 빛

을 발하지 못하는 도구이기도 하다. 하지만 쌓기나무도 잘 쓰면 수십 가지 방법으로 활용할 수 있다. 쌓기나무 활용 방법을 통해 교실에 있는 도구를 수업과 연결해 보자.

1. 특징 찾기

쌓기나무가 갖고 있는 특징을 자유롭게 브레인스토밍해 보자.

- 정육면체이다.
- 색이 다양하다.
- 쌓을 수 있다.
- 던져도 잘 부서지지 않는다.
- 모든 도형의 크기가 같다.
- 안이 전혀 비치지 않는다.

- 같은 종류의 색이 여러 개 있다.

- 정사각형으로 되어 있다.

- 한 손에 여러 개를 잡을 수 있다.

- 모든 면의 색이 같다.

2. 분류 · 유목화

비슷한 성질끼리 유목화를 한다.

기준	모양	색	기타
내용	• 정육면체이다. • 쌓을 수 있다. • 정사각형이다. • 정육면체이다.	• 색이 다양하다. • 안이 전혀 비치지 않는다. • 모든 면의 색이 같다. • 같은 종류의 색이 여러개 있다.	• 던져도 잘 부서지지 않는다. • 모든 도형의 크기가 같다. • 한 손에 여러 개를 잡을 수 있다.

3. 특징 연결하기

하나의 특징을 생각하면 하나의 아이디어가 나오지만 이것을 두 개 이상 연결하면 더 많은 아이디어가 나올 수 있다. 예를 들어 '정육면체이고 다양한 색을 가지고 있다'는 특징을 연결하면 '그림 퍼즐'이라는 아이디어를 낼 수 있다. 다양한 색깔의 쌓기나무를 그림판으로 이용하면 미술 시간에도 활용할 수 있다.

그 자체만으로 의미를 갖고 있는 도구는 없다. 제작자가 어떤 의미를 부여해서 만들었더라도 사용자가 제작자의 의도 대로만 사용하는 것은 아니기 때문이다. 도구는 사용자를 통해 그 가치가 드러난다. 교실의 수많은 도구도 본연의 목적을 위해 한두 번 사용하고 보관하기 보다는 새로운 쓰임을 찾아내 꾸준히 활용하는 것이 그 도구를 더 가치 있게 쓰는 방법이다.

:: 쌓기나무 활용 방법

1. 수 막대(수학)

- 크기와 모양은 같지만 다양한 색을 이용해 수 막대로 활용할 수 있다.
- 〈2/3 = 4/6 = 6/9〉을 쌓기나무를 활용해 수 막대로 정리한다.

2. 기준 단위(수학)

- 모든 크기와 모양이 같으므로 부피나 길이 등의 기준 단위로 활용할 수 있다.
- 48개의 쌓기나무를 활용해 넓이가 가장 큰 직육면체를 만들어본다.

3. 토킹칩, 게임머니(국어)

- 토론 때 토킹칩으로 활용한다.
- 색깔별로 화폐 단위를 지정해 게임머니로 활용한다.

4. 추첨볼(전 과목)

- 모양과 크기가 같아 눈으로 보지 않으면 구분할 수 없다.
- 수업 시간 동기 유발 또는 발표자 선정 등에 활용한다.

5. 그림판(미술)

- 다양한 색이 있고 같은 모양이다.
- 미술 그림 그리기로 사용할 수 있다.

:: 포스트잇 활용 방법

포스트잇은 교실에서 흔히 볼 수 있는 메모장이다. 포스트잇도 보물을 찾듯 살펴보면 좋은 아이디어가 많다.

1. 차시 정리

- 글씨를 쓴 뒤 접어서 던질 수 있다. 포스트 잇에 차시 정리용 문제를 적고 박스에 던져 들어간 문제를 형성평가 문제로 활용한다.
- 뒤가 비치지 않고 글씨를 쓸 수 있어 앞에는 문제를, 뒤에는 답을 적어 형성 평가로 활용 할 수 있다.

2. 브레인스토밍

- 칠판에 포스트잇을 붙이거나 떼거나 하면서 아이디어를 생성하거나 분류할 수 있다.

3. 모둠별 브레인스토밍

- 책상을 칠판 대용으로 활용하여 포스트잇을 붙이면 학생들의 불필요한 이동 을 줄일 수 있다.

4. 교실 벽

- 교실 어디든 붙일 수 있으므로 대상에 직접 표시하는 목적으로 활용할 수 있다.

:: 스마트폰 활용 방법

요즘 누구나 가지고 있는 스마트폰은 조금만 잘 쓰면 훌륭한 수업 도구가 된다. 스마트폰의 기본 기능과 어플리케이션을 활용해 수업을 풍요롭게 채워보자.

1. 정보 검색

• 인터넷으로 정보를 검색하고 그것을 활용해 여러 활동을 할 수 있다.

2. 실물 화상기

• 스마트폰을 컴퓨터 화면과 미러링(스마트폰 화면을 컴퓨터 모니터나 TV 화면에 그대로 띄우는 것) 하여 스마트폰 카메라를 실물 화상기 카메라로 활용한다.

3. 사진 그림

• 그림을 칼로 오려내고 카메라를 활용해 현실 세계를 배경으로 하는 포토콜라주를 만들 수 있다.

4. 현미경(카메라, 접사 렌즈)

- 접사 렌즈를 이용하면 근접 촬영을 할
  수 있다. 이를 활용해 작고 세밀한 것을
  확대해서 사진을 찍을 수 있다.

5. 의사소통(밴드, 클래스팅 등)

- 교실이 아닌 모든 공간에서 SNS를 활
  용해 의사소통, 협업 등이 가능하다.

:: 자석 활용 방법

1. 소수점(수학)

- 점 모양이고 칠판에 붙일 수 있다.
- 소수 수업할 때 소수점으로 활용한다.

2. 림보 지지대(체육)

- 철로 된 곳은 어디든 붙일 수 있다.
- 교실 문에 연결해서 림보 놀이를 할 수
  있다.

:: 할리갈리 보드게임 활용 방법

1. 분수 뽑기(수학)

- 1부터 5까지의 숫자가 있어 카드에 나오는 숫자를 분자와 분모로 하는 수식을 만들 수 있다.

2.모둠 뽑기(전 과목)

- 모둠을 뽑는 뽑기 카드로 활용한다.
- 같은 수를 뽑은 사람끼리 같은 모둠이 되도록 한다.

:: 젠가 활용 방법

1. 수 막대(수학)

- 같은 모양의 막대이므로 수의 기준 단위로 활용할 수 있다.

2. 리듬 막대(음악)

- 치면 맑은 소리가 나므로 음악 수업에
  활용할 수 있다.

BK선생님께 물어보는 수업 Q&A

Q

참여 수업 위주로 수업을 진행하다 보면 일반적인 강의식 수업을 지루해 하지 않을까요?

A

확실한 것은 참여 수업 위주로 수업을 진행하지 않아도 일반적인 강의식 수업을 하루 종일 진행하면 학생들은 지루해 한다는 것입니다. 선생님들도 원치 않는 강의를 6시간이나 듣는 연수는 신청하기 무척이나 부담스러워 하시지요. 학생들도 마찬가지입니다.

제 경험으로는 참여 수업 위주로 수업을 진행하다 어느 부분에 있어서 강의식 수업을 진행할 때는 '선생님이 이 수업은 강의식으로 진행하는 이유가 있겠구나'라고 받아들이는 모습을 볼 수 있었습니다. 매일 강의식으로 진행하면 강의식 수업이 특별하게 느껴지지 않습니다. 하지만 참여 수업 위주로 진행하다 강의를 하면 아이들이 '선생님이 꼭 필요한 부분을 짚어주는구나'라고 생각하면서 강의식 수업을 조금 더 특별하게 생각하게 됩니다. 그래서 저는 참여 수업 70%, 강의식 수업 30% 정도의 비율을 유지하려고 노력하고 있습니다. 강의식 수업을 조금 더 특별하게 만들기 위해서입니다.

Q

강의식 수업을 좋아하는 학습자는 어떻게 지도해야 할까요?

A

제 경험상 강의식 수업을 좋아하는 학습자는 크게 두 부류입니다.

- 선생님의 말을 듣고 필기하고 외우는 데 익숙한 학습자
- 스스로 공부하고 탐구하기를 귀찮아하는 학습자

두 번째 유형 같은 경우는 강의식 수업을 좋아하는 학습자가 아니라 공부 자체에 흥미가 없는 학습자로 강의식 수업을 진행한다고 하더라도 제대로 학습이 이루어지기는 어렵습니다. 그러므로 이런 유형의 학습자는 스스로 공부하는 즐거움을 익히기 위해서라도 함께 참여하는 수업을 진행할 필요가 있습니다.

문제는 첫 번째 유형의 학습자입니다. 선생님이 강의하는 내용만 외우면 분명히 시험 점수가 잘 나오는데 굳이 성적 향상에 도움이 되지 않는 방식으로 공부하라고 하는 것은 옳지 않다고 생각하는 유형입니다. 이런 학생들에게 저는 강의한 내용을 적은 필기를 가지고 다른 친구들에게 설명해 보도록 하는 것을 추천합니다. 단순히 선생님이 말한 것을 정리만 하는 학생들은 그 내용을 자신의 것으로 체화하는 데 어려움을 느낍니다. 단지 그것을 암기할 뿐이지요. 그러므로 필기 내

용을 잘 이해하지 못하는 친구들에게 설명해 보면 본인이 무엇이 부족한지, 선생님이 왜 참여 수업을 진행하려고 했는지를 스스로 깨닫게 될 것입니다.

Q

공개수업을 할 때도 학생 중심으로 수업을 하면 좋을까요?

A

공개수업의 목적은 교사의 수업 기술 시연이 아니라 학생들이 배우고 성장하는 과정을 보는 것입니다. 평소에 학생 중심으로 수업을 진행하지 않는 교실에서 공개수업이라고 학생 중심으로 수업을 구상하는 것은 개인적으로 좋지 않다고 생각합니다. 공개수업은 학생들의 평소 생활 모습을 그대로 반영하는 것이 가장 좋다고 생각하기 때문입니다. 반대로 평소에 학생 중심으로 수업을 진행하는 교실에서 학생 중심으로 공개수업을 구상하지 않는다면 그것 또한 문제가 됩니다.

교사는 전문가입니다. 전문가는 자신의 진단과 처방에 자신감을 가질 필요가 있습니다. 내 수업에 대한 믿음을 갖고 다른 누구에게 공개함에 있어서 떳떳하기를 바랍니다.

Q

무임승차하려는 학생에게 가장 효과적인 방법은 무엇일까요?

A

협동 학습이 나오게 된 계기는 무임승차하려는 학생들을 '구조'라는 힘으로 수업에 참여하게 하려는 시도였습니다. 참여형 수업은 구조적으로 학생들의 역할을 강제하는 것이 아니기 때문에 무임승차하는 학생들이 종종 보이게 마련입니다.

이런 학생들에게 가장 효과적인 방법은 본질적으로 학생들이 하는 활동에 '재미'를 느끼도록 하는 것입니다. 죽어라고 공부하기 싫어하는 학생들도 집에서 게임은 밤새도록 합니다. 그것은 집에서 하는 게임이 재미있고 의미가 있다고 느끼기 때문입니다. 이런 수업을 할 수 있다면 아이들이 무조건 참여할 것입니다.

Q

협업 활동 중 친구를 왕따 시키는 경우는 어떻게 해야 할까요?

A

협업 활동 중 친구를 왕따 시키는 경우가 발생한다면 그것은 협업 활동을 떠나서 위험한 학급이라는 신호입니다. 협업 수업의 핵심은

'관계 형성'입니다. 다른 친구들과 좋은 관계를 형성할 수 있어야 가능한 수업 방식입니다. 협업 활동은 관계 형성이 불가능한 상황에서는 시도조차 할 수 없습니다.

이런 상황에서는 올바른 관계를 맺어줄 수 있도록 모둠 아이들의 자존감과 소속감을 키워주기 위한 노력이 필요합니다. 올바른 인성을 키워주는 것 또한 교사의 역할입니다.

Q
적극적이지 않은 반 분위기의 학급도 활동을 잘할 수 있을까요?

A
적극적이지 않은 반 분위기에서는 참여형 수업에 도전한다고 해서 하루아침에 드라마틱한 활동을 해내지는 못합니다. 선생님이 참여형 수업을 시도할 때는 학생들이 수업에 몰입해서 최선을 다하는 모습을 기대하지만 현실은 그렇지 못한 경우가 참 많습니다. 특히 반 분위기가 적극적이지 않은 교실에서는 더 그러합니다.

이런 학급에서는 무엇보다도 '이기는 습관(Winning Mentality)'이 필요합니다. 이 활동에 도전하면 '성공할 수 있다는 믿음을 심어줄 수 있는가?'가 참여형 수업의 진행 가능 여부를 판가름하는 척도가 됩니다.

학생들에게 이기는 습관을 길러주기 위해서는 가장 쉬운 목표부터

차근차근 올라가게 해주는 것이 필요합니다. 헬스클럽에 다닌다고 해서 단기간에 몸짱이 되는 것은 아닙니다. 그런데 헬스클럽에 다니기 시작할 때는 몸짱을 목표로 운동을 시작하는 경우가 많습니다. 전문가들의 말에 따르면 대부분 이런 사람들은 초반에 무리를 하고 바로 포기한다고 합니다. 가장 좋은 목표는 런닝머신에서 20분 걷기를 꾸준히 하는 것처럼 적당한 노력으로 완수할 수 있는 목표라고 하더군요. 수업도 마찬가지입니다. 애초에 누구나 완수할 수 있는 쉬운 목표를 세우고 꾸준히 참여할 수 있도록 한다면 학생들은 조금씩 참여형 수업에 몰입할 수 있을 것입니다.

**싱싱한 가르침과 생생한 배움이
살아 숨쉬는 맛있는 수업 노하우!**

Part 3
배움 디자인과
교실화 수업

학교에서 선생님의 모든 행동은 학생들의 배움을 위해 존재한다.
수업을 할 때 선생님이 제시한 절차를 학생들에게 관철하려고 애쓰지 말자.
다만 선생님이 배움이 있는 교실을 디자인하는 디자이너가 되자.
수업의 가장 핵심적인 장면을 상상하고
그 장면이 학생들의 배움이 되도록 디자인하자.

BK's Recipe
01

배움을 만드는
수업의 조건

_____ 처음으로 돌아가 다시 한 번 '쉽다는 것이 무엇인가'를 생각해 보자.

다음 네 가지 중 가장 도전하기가 쉬운 것은 무엇일까?

① 가족과 일주일간 여행 가기
② 처음 보는 사람과 커피 마시기
③ 혼자서 프레젠테이션 발표 준비하기
④ 섯가락으로 콩 20개 옮기기

나는 '가족과 일주일간 여행 가기'를 가장 쉽다고 생각했다. 왜냐하면 가족과 함께하는 여행이 가장 즐거워 보였기 때문이다. 이처럼 사람들은 무엇보다도 '즐겁다'라고 느낄 수 있는 것에 적극적으로 도전한다.

이와 마찬가지로 교실에서도 학생들이 쉽게 즐길 수 있는 수업이 필요하다. 학생들 스스로가 수업의 흐름을 즐길 때, 수업 자체에 온전히 빠져들 수 있다. 수업에서 배움의 의미를 느낀 학생들은 다음 수업에서도 적극적으로 도전할 수 있는 힘을 갖게 된다. 이런 배움의 힘이 점차 커지면서 배움이 있는 교실로 성장할 수 있는 것이다.

:: 배움에는 익숙함이 필요하다

수영을 처음 배울 때, 버터플라이 영법으로 물살을 가르는 장면을 상상하며 레슨을 신청한다. 하지만 레슨을 처음 받는 날, 그 환상은 깨지고 만다. 발차기만 몇 시간을 계속하고, 그다음은 호흡법에 이어 손동작이 익숙해질 때까지 배우고 나서야 자유형 연습을 시작할 수 있다. 수영을 처음 접하는 사람에게 이 모든 과정을 단 한 번에 지도할 수는 없다. 왜냐하면 익숙해지기까지의 시간이 필요하기 때문이다.

익숙하다는 것은 배움에서 매우 중요한 요소이다. 현재 수준의 배움에 익숙해져야 더 높은 수준으로 목표 향상이 가능해지기 때문이다. 젓가락질을 예로 들자면, 젓가락을 처음 쥐어본 아이들은 젓가락질에 온정신을 다 쏟는다. 하지만 점점 젓가락질에 익숙해지면, 어느새 능숙하게 반찬을 집고 밥을 먹을 수 있게 된다. 처음에는 젓가락만 바라보던 시선도 조금씩 마주 보는 사람에게로 옮겨진다. 이처럼 익숙하다는 것은 어떤 행동을 머릿속으로 집중하지 않아도 자연스럽게 할 수 있는 상태를 말한다.

구구단에 익숙한 학생들은 '3 곱하기 3은?'이라는 질문에 단번에 답을 말할 수 있다. 토론에 익숙한 학생들은 말하는 것에 큰 어려움을 느끼지 않고 자신의 의사를 표현할 수 있다. 하지만 토론에 익숙하지 않은 학생은 활동 자체에 거부감이 들 수 있다. 말하기의 기본 단계 자체가 익숙하지 않은 상황에서 상위 단계인 토론 활동은 너무 어렵게 다가오기 때문이다.

수업을 다채롭게 만들면 학생들은 다양한 경험을 할 수 있다. 하지만 익숙하지도 않은 상황에서 매 수업마다 새로운 것을 보여주려고 마구잡이로 제공하는 것은 옳지 않다. 학생들이 새로운 것을 접할 때 학습 목표가 아닌 다른 것에 정신을 분배해야 하는 상황이 생기기 때문이다. 또한 학생들에게 새로운 것을 배우게 할 때는 한두 차시만 잠깐 시도해 보고 말 것을 제공해서도 안 된다. 적어도 학생들이 익숙해질 때까지 활용할 만한 가치가 있는 것이어야 한다.

:: 의미 있는 수업의 조건

수업은 내가 알고 있는 것을 확인하는 것이 아니라 기존에 알지 못했던 것을 알아가는 과정이다. 그러므로 적극적으로 수업에 참여하지 않으면 그 본질을 이해하기 어렵다.

본질을 이해하기 위한 수업의 목표에 도달하려면 학생들이 그 수업을 즐기면서 의미를 느낄 수 있어야 한다. 의미를 느낄 수 있도록 하는 방법은 여러 가지가 있겠지만 나는 다음의 세 가지 요소가 학생들에게 의미를 주기에 가장 우선되어야 한다고 생각했다.

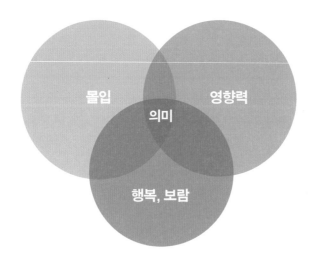

1. 몰입

주위의 모든 잡념을 버리고 자신이 원하는 어느 한곳에 모든 정신을 집중하는 것을 말한다. 수업에 몰입하면 학생들은 다른 방해 요인에 눈을 돌리지 않고, 수업 자체에 빠져들게 된다. 그래서 수업을 누가 시켜서 하는 것이 아닌 내가 원해서 받는 것으로 생각한다.

2. 영향력

어떤 사물의 효과나 작용이 다른 것에 미치는 힘을 뜻한다. 산들바람이 불면 나뭇잎이 조금 흔들리지만 태풍이 불면 나무 전체가 흔들린다. 하지만 태풍이 정말 먼 곳에서 일어난다면 나무에는 아무런 영향을 끼치지 못한다. 이렇듯 영향력은 여러 요인으로 커지거나 작아질 수도 있다.

배움에도 영향력이 있다. 이 수업이 학생의 배움에 크게 영향을 끼칠 수도 있고, 영향력이 크게 나타나지 않을 수도 있다. 그러므로 배움의 의미를 위해서는 영향력이 큰 수업을 학생들에게 제공할 수 있어야 한다.

3. 행복과 보람

생활에서 충분한 만족과 기쁨을 느껴 흐뭇함을 느끼는 상태를 말한다. 일상 생활에서 만족스럽다고 느낄 때 우리는 행복하다고 한다. 그리고 내가 하는 일에서 행복을 느낄 때 보람 있다고 한다. 행복과 보람은 자존감을 높이는 가장 근간이 되는 감정이다. 내가 하는 일이 가치가 있다고 느끼게 하는 것에 행복과 보람이 필요하다.

행복과 보람이 있는 교실은 수업의 흐름에 몰입하는 것이 가치가 있다고 느낄 수 있는 교실이다.

그렇다면 몰입, 영향력, 행복과 보람을 모두 갖춘 수업이 되기 위해서는 어떻게 해야 할까? 이에 대한 해결책을 안다면 우리는 누구나 쉽고 의미 있는 수업을 할 수 있을 것이다.

:: 몰입을 위한 길 – 통제감

흔히 사람들에게 몰입하기 위해 가장 필요한 것을 물어본다면 흥미와 재미에 대하여 이야기한다. 그래서 흥미와 재미를 추구하는 수업이 필요하다고 한다. 하지만 모든 학생에게 흥미와 재미를 제공하는 수업을 매일 지속할 수 있을까? 축구를 수업에 접목하면 축구를 좋아하는 학생에게는 좋을지 몰라도 운동을 싫어하는 학생에게는 고역일 수 있다. 설령 모두가 재미를 느낄 수 있는 방법이 있을지는 몰라도, 그것을 매일 지속하는 것은 현실적으로 불가능하다. 그러므로 학생들 모두가 몰입하는 교실을 만들기 위해서는 발상의 전환이 필요하다.

통제감이란 사람이 내면이나 행동 그리고 자신을 둘러싼 환경에 대해 자신이 통제권을 갖고 있다고 느끼는 마음을 말한다. 통제감이 높은 사람들은 자신이 삶의 주인이라고 생각하고 행동하기 때문에 열정을 갖고 도전한다.

반대로 통제감이 낮은 사람은 모든 일을 남이 시켜서 하는 것으로 인식하고 있기 때문에 그 상황에 몰입하기 어렵다. 예를 들어 공부를 이미 하고 있는 학생에게 "공부해!"라고 말하면 갑자기 그 학생이 짜증을 내는 경우가 있다. 이처럼 통제감은 몰입에 큰 영향을 줄 수 있는 요소이다.

통제감은 교실 수업에서도 상당히 중요한 요인 중 하나이다. 통제감이 높은 학생들은 수업의 주인이 '나'라는 믿음으로 쉽게 수업에 몰입한다. 하지만 통제감을 잃은 학생들은 수업을 선생님이 시키는 것으로 생각하기 때문에 무기력 상태에 빠질 수 있다. 따라서 교사는 학생들 스스로가 통제감을 갖고 몰입할 수 있도록 도와야 한다.

:: 영향력을 높이는 길 – 심리적 원근감

가까이 있는 물체는 크게 보이고, 멀리 있는 것은 작게 보인다. 이것은 거리에 의한 원근법이 적용되기 때문이다. 사람의 심리에도 거리가 있다. 이것을 심리학 용어로 '심리적 거리'라고 한다. 심리적 거리란 어떤 사람이 다른 대상이나 상황에 관해 느끼는 주관적인 거리를 말한다. 심리적 거리는 물리적인 거리보다 주관적이므로 사람마다 분명한 차이가 있다. 하지만 심리적 거리 또한 거리의 특징을 지니고 있으므로 원근법이 적용된다.

예를 들면 우리 반 학생들에게 "미국에서 로또 1등에 당첨된 폴 스미스 씨는 우리 돈으로 1,000억 원이라는 당첨금을 받아 큰 부자가 되었어요"라고 이야기한다면 우리 반 학생들은 "그래서 어쩌라는 건가요?"라고 대답할 것이다. 하지만 반에서 문제를 가장 먼저 푼 학생에게 100원짜리 사탕을 하나 준다면 학생들은 모두 "우와!" 하는 표정으로 부러워할 것이다. 1,000억 원과 100원은 그 값어치가 어마어마하게 다르지만 심리적 거리로 인한 원근감은 1,000억 원보다 100원이 더 가치 있게 다가온다.

심리적 거리는 시간에도 적용할 수 있다. 흔히 어른들은 학생들에게 공부를 해야 하는 이유로 10년 후의 장밋빛 미래를 말해 준다. 하지만 학생들은 10년 후의 장밋빛 미래보다 10분 후의 쉬는 시간을 훨씬 더 소중하게 생각한다. 10년 후의 미래는 학생들에게 너무 먼 일이기 때문이다. 상황에 따라 의사 결정을 해야 할 때, 심리적 거리가 가까우면 가까울수록 선택에 큰 영향을 미치게 된다.

학생들의 배움에도 심리적 거리가 영향을 미친다. 학생들이 수업 시간에 의미를 느끼지 못하는 가장 큰 원인은 왜 배우는지 모르기 때문이다. 왜 배우는지에 대한 의미 자체를 모르기 때문에 그것을 이해하려는 시도에서부터 어려움을 느낀다. 앞의 내용에 비추어 볼 때 학생들이 배움에 어려움을 느끼는 원인은 교과에서 배우는 지식이 학생들에게 영향을 끼칠 만큼 심리적 거리가 가깝지 않아서라고 볼 수 있다. 따라서 수업 시간에 배우는 지식이 학생들에게 배움의 의미를 느낄 수 있을 만큼 심리적 거리를 가깝게 해줄 수 있다면 큰 효과가 있을 것이다.

:: 행복과 보람을 위한 길 – 공동체 감각과 타자공헌

부끄럽게도 나는 10년 동안 깨끗한 교실을 학년 말까지 유지하려고 노력해 본 적이 한 번도 없었다. 왜냐하면 청소를 해도 곧 지저분해질 것을 알았기 때문이다. 그런데 올해부터 조금씩 깨끗한 교실을 유지하려고 노력하면서 지금은 최소 중간 수준의 청결함은 유지하고 있다. 이렇게 변하게 된 계기는 청결한 교실을 유지하려는 작은 노력 하나가 학급의 좋은 분위기를 만들어가는 데 큰 역할을 한다는 말을 들었기 때문이다.

내 책상 위와 주변을 정리하는 것이 처음에는 조금 귀찮고 어색했다. 하지만 우리 반 전체의 좋은 분위기 형성에 공헌한다는 생각으로 그것을 실천하면서 작은 행복과 보람을 느끼게 되었다. 그래서인지는 모르겠지만 우리 반 학생들도 교실 청소를 즐기며 깨끗한 교실을 함께 만들어가고 있다.

'타자공헌'은 《미움 받을 용기》라는 책을 통해 유명해진 아들러의 심리학 용어이다. 타자공헌이란 내가 인생을 살아가는 것이 다른 사람에게 도움이 되는 가치가 되는 것이라고 느낄 때, 행복과 보람을 느낄 수 있다는 것이다. 물론 다른 사람을 위해 자신을 희생하라는 것은 아니다. 남들이 원하는 삶을 살아가는 것 또한 타자공헌이라고 보기 어렵다. 타자공헌은 현재 내가 하고 있는 일이 별 볼일 없다고 여겨지는 것일지라도 누군가에게는 힘이 되어줄 수 있다고 느끼는 것이다.

학급에서 학생들이 하는 모든 행동을 가치가 더 있고 없음으로 구분할 수는 없다. 계획을 세우는 것과 그 계획에 따라 준비물을 준비하는 것, 그리고 실행하고 정리하는 것까지 모든 행동은 친구들 모두에게 도움이 된다. 그러므로 이 모든 행동에 대해 서로가 서로에게 감사하는 마음을 가질 수 있도록 해보자. 이렇게 서로가 서로를 위해 공헌하면서 '공동체 감각'이 생겨나게 된다.

'공동체 감각'이란 다른 사람을 친근하게 여김으로써 이곳이 내가 있을 곳이라는 편안함을 느끼는 감각을 말한다. 마치 어린 아기가 집에서 부모님과 함께 있을 때 느끼는 편안함과 같다. 이 공동체 감각을 학생들이 교실에서 느낄 수 있다면 그 교실은 하나의 공동체로서 함께 행복한 교실을 만들어갈 수 있을 것이다.

나 자신이 우리 반에서 도움이 되는 사람이라고 느낄 때 그 학생은 학급의 모든 일에 행복하게 도전할 수 있는 용기를 얻게 된다. 그러므로 교사는 교실을 학생 서로가 서로에게 관심을 갖고 공헌할 수 있는 하나의 교육 공동체로 발전시킬 수 있어야 한다.

BK's Recipe
02

수업을
디자인하다

     공개수업을 하게 되면 선생님들은 수업 전에 미리 수업의 흐름을 예상하고 계획을 세운다. 그리고 그 계획에 따라 수업을 진행한다. 얼마 전 참관한 수업도 그렇게 세운 계획에 따라 유기적으로 잘 진행된 수업이었다. 그래서 다른 선생님들도 진행이 매끄럽게 되었다고 칭찬하는 것을 볼 수 있었다. 그런데 나는 그 공개수업을 참관하고 나서 한 가지 의문점을 가지게 되었다.

'교사의 계획대로 수업이 진행되지는 않았지만 학생들이 수업을 진행하는 과정에서 더 나은 무언가를 찾아냈다면 그 역시 좋은 수업이 아닐까?'

선생님은 신이 아니므로 선생님의 계획이 100% 정답이 될 수는 없다. 학생들은 수업 중에 선생님이 제시하는 길보다 더 좋은 길을 발견할 수 있으며, 선생님은 학생들이 발견한 길을 열어줄 수 있는 역할을 해야 한다. 그래서 이 장에서는 수업에서 계획은 어떤 의미를 갖고 있는지를 알아보기로 한다. 그리고 계획의 한계를 넘어서서 학생들이 배움에 오롯이 집중할 수 있도록 어떻게 구안해 가는 것이 좋을지에 대해 이야기해 보고자 한다.

:: 수업 계획의 한계

계획이란 앞으로 할 일의 절차, 방법, 규모 따위를 미리 헤아려 결정하는 것을 뜻한다. 예를 들어 여행 계획은 여행을 떠나기 전에 장소와 무엇을 할 것인지 등을 합리적으로 준비하는 과정이다. 방송국에서도 방송 계획을 세운다. 음악 방송 큐시트를 보면 출연하는 가수의 순서, 가수가 나오는 장소 등이 빼곡하게 적혀 있다.

이렇게 사전에 계획을 세우는 것은 프로그램을 물 흐르듯 자연스럽게 진행하기 위해서이다. 게다가 여럿이서 함께 프로젝트를 진행한다면 각자의 생각이 모두 다르기 때문에 사전 계획이 명확해야 한다. 복잡하고 체계적인 일일수복 계획의 중요성은 더욱 커진다. 그렇지 않을 경우, 큰 혼란을 겪게 된다.

수업 계획은 학생들의 배움을 위해 수업 시간에 이루어지는 일련의 방법과 절차를 설계하는 것이다. 일반적으로 수업 전 선생님이 작성하는 교수·학습 과정안 등이 수업 계획에 해당된다.

학부모 공개수업을 진행할 때였다. 과목은 수학으로 선대칭 도형의 개념을 익히는 수업을 선정했다. 이 수업에서는 수학 교과에서 개념을 익히기 위해 많이 쓰는 개념 형성 모형을 적용해 보기로 했다. 그래서 아래의 순서대로 수업 계획을 세웠다.

순서	내용	시간
1. 도입	선대칭 도형이 필요한 상황 제시	4분
2. 학습 목표 제시	교실 안에서 선대칭 도형 찾아보기	1분
3. 범례 제시 및 범례 분류	학급의 다양한 도형 찾기, 완전히 겹쳐지는 물체 찾기	15분
4. 공통의 성질 추상화	겹쳐지는 물체의 공통점 찾기	7분
5. 개념 정의하기	공통점을 기초로 선대칭 도형 정의하기	3분
6. 개념의 속성 조사하기	도형의 공통적 성질에서 결정적, 비결정적 성질 찾기	5분
7. 개념 익히기	다른 교실 안에서 선대칭 도형 찾기	4분
8. 정리 및 평가	선대칭 도형의 정의 확인하기	1분

수업 계획은 이처럼 일련의 프로세스로 이루어져 있다. 체계적으로 잘 구성된 수업 계획은 그럴듯해 보인다. 이 수업 계획 또한, 4분, 1분

등 시계를 자세히 보지 않으면 그 시간만큼 지났는지 알 수 없을 정도로 자세하고 구체적으로 세워져 있다(실제로 많은 수업 계획을 분 단위로 끊어서 세우고 있다). 하지만 학생들은 로봇이 아니기 때문에 아무리 체계적으로 수업을 계획해도 변수는 항상 발생한다.

수업 계획을 짠 선대칭 도형 수업을 실제로 진행할 때였다. 선대칭 도형의 예시로 색종이, 가위, 풀 등을 들었다. 이 정도 예시면 학생들이 대부분 이해할 수 있을 거라고 생각했다. 그런데 예상 밖의 질문이 나왔다. 선대칭 도형은 '평면 도형'의 성질인데, 풀이나 가위는 '입체 도형'이라는 것이었다. 가위를 바닥에 놓고 위에서 보면 선대칭 도형이 맞지만, 옆에서 보면 모양이 들쑥날쑥해서 선대칭 도형의 성질에 어긋난다며, 가위를 선대칭 도형으로 보는 것이 맞는지를 한 학생이 물었다. 그러자 다른 학생들도 그 질문에 관심을 갖고 다른 물건들도 그러한지를 살피기 시작했다.

내 수업 계획은 완전히 엉망이 되었다. 정해진 수업 계획대로 수업을 진행해야 할지 아니면 그 계획을 무시하고 새로운 흐름대로 가야 할지 양자택일해야 하는 상황이 벌어졌다. 나는 흐름이 이미 어그러진 이상 억지로 이 수업을 계획대로 진행하는 것보다는 지금의 분위기를 이어가는 것이 낫겠다고 생각했다. 그래서 아이들과 함께 선대칭 도형이라고 할 수 있는 것들을 함께 찾아보았다.

비록 수업안은 휴지 조각이 되어버렸지만 학생들은 새로운 것을 탐험하는 느낌으로 수업에 참여했다. 참관하는 사람들도 배움에 대한 열정이 가득 찬 학생들을 보면서 무척이나 흥미로워했다.

수업 계획대로 진행한다는 것은 학생들의 배움과 상황에 따른 변수와 관계없이 처음에 세운 절차에 수업을 맞춘다는 것을 의미한다. 계획의 절차가 학생들의 상황과 잘 맞으면 좋겠지만, 그 계획이 수업과 잘 어울리지 않을 수도 있다. 그래서 수업의 목적이 '학생의 배움'에 있다고 볼 때 활동과 절차에 중점을 두는 것은 좋은 수업이 아니다. 게다가 수업이 유기적으로 진행되는 것이 학생들의 배움을 보장하는 것도 아니다. '그 활동을 왜 해야 하는가?', '활동을 함으로써 무엇을 배웠는가?'를 느끼기 위해서는 수업 계획에 학생들을 맞추기보다는 수업의 유동성을 인정하고 그 흐름에 맡겨야 한다.

그렇다고 해서 계획의 필요성이 줄어드는 것은 아니다. 사전에 무엇을 할지를 예측하고 준비하는 것은 무엇보다도 중요하다. 다만 그것을 어떻게 예측하고 준비할 것인가에 대한 인식의 전환이 필요하다.

:: 수업 디자인이란?

디자인(Design)이란 주어진 목적에 잘 어울리는 이미지를 그려내는 것을 말한다. 흔히 미술 영역에서 많이 쓰이는 용어였으나 현재는 사회 전반적인 영역에서 활용되고 있다. 예술과 디자인은 비슷한 듯 다른데 가장 큰 차이는 그 목적에 있다. 즉 예술은 내가 원하는 것을 표현하는 것을 말하고, 디자인은 다른 사람들이 필요로 하는 실용성에 목적을 두고 있다.

디자인은 상대방의 원하는 바를 정확하게 파악하는 것이 가장 중요하기 때문에 사람에 대한 깊은 이해가 요구된다. 예를 들어 전화기를 디자인할 때는 단순히 외형을 화려하거나 눈에 띄게 하지 않는다. 사람들이 전화기를 사용하는 패턴이나 특징을 관찰하고, 사고 과정을 거쳐 가장 용도에 맞는 전화기를 디자인하게 된다. 이처럼 어떤 것을 디자인하기 위한 일련의 사고 과정을 '디자인적 사고(Design Thinking)'라고 한다.

디자인적 사고 과정에서 가장 중요한 점은 '디자인의 시작과 끝이 사람'이라는 것이다. 단순하게 얼마나 '독창적이고 화려한가?'만을 생각하며 디자인한다면 처음에는 잠깐 사람들의 이목이 집중될 수도 있겠지만 깊은 공감은 주지 못할 것이다. 그래서 디자인을 할 때는 사용자들이 어떤 장소에서, 어떤 행동을 하며 사용하는지를 주의 깊게 관찰해야 한다. 필요가 반영된 디자인은 쓰임과 가치를 높일 수 있고, 더 많은 사람들의 공감을 끌어낼 수 있다.

디자인적 사고는 단순하게 새로운 것만을 추구하는 것이 아니다. 디자인적 사고의 궁극적인 목적은 미래를 함께 꿈꿀 수 있는 비전을 제시하는 것이나. 내가 그리려는 미래의 모습을 보고, 다른 사람늘에게도 공감을 불러일으키는 것이 디자인적 사고의 가장 기본이다.

‘수업 디자인’은 수업과 디자인의 합성어이다. 수업은 지식이나 기능을 가르치는 것이고, 디자인은 주어진 목적에 맞게 구체화하는 것이므로 수업 디자인이라는 말은 ‘교사가 학생에게 가르치는 방법을 구체화하는 것’이라고 풀어낼 수 있다.

수업 계획이 수업에 대한 절차를 설계하는 것이라고 한다면, 수업 디자인은 학생들이 수업 시간에 하게 될 전체적인 모습을 그려내는 것을 말한다. 그러므로 수업 계획보다 수업 디자인이 더욱 구체적이고 총체적인 수업 구상 활동이라고 할 수 있다. 그 이유는 수업의 절차에 집중하기보다 수업의 전체적인 과정과 학생들의 유기적인 움직임을 그려낼 수 있어야 하기 때문이다.

:: 수업 계획과 수업 디자인의 차이

수업 계획과 수업 디자인은 모두 사전에 수업 진행 과정을 결정하는 것이기 때문에 수업의 흐름이 같을 수도 있다. 그러므로 수업을 참관한 사람은 수업의 진행 과정을 보면서 이 수업이 ‘수업 계획’을 한 것인지, ‘수업 디자인’을 한 것인지 판가름하기가 쉽지 않다. 하지만 수업자의 입장에서 바라보았을 때 수업 계획과 수업 디자인은 다음과 같은 차이를 가진다.

구분		수업 계획	수업 디자인
공통점	누가 만드는가?	선생님	
	왜 만드는가?	학생들의 학습 목표 도달을 위해	
차이점	핵심적인 질문	어떤 과정으로 진행할 것인가?	무엇을 할 것인가?
	대표적인 것	학습 모형	핵심 활동
	제시 방법	구체적으로 제시	핵심 활동을 중심으로 여유 있게 제시
	수업 진행의 동시성	모두 같은 시간에 진행	학생 간의 편차에 따른 차이가 있을 수 있음
	수업의 가변성	고정적 (정해진 절차가 있음)	유동적 (핵심 활동을 중심으로)
	특징	도입 전개 정리 수업의 흐름을 중심으로 진행	핵심 활동 핵심 활동을 중심으로 확장

수업 계획은 학습 절차에 수업 내용을 맞추는 과정으로 진행되기 때문에 수업에 가장 잘 어울리는 절차를 만들어내는 것을 중요시 한다. 하지만 수업 디자인은 무엇을 할 것인가를 가장 중요하게 생각하

기 때문에 절차의 중요성이 상대적으로 낮다. 대신 중요한 활동 하나를 중심으로 가지를 뻗어나가듯 수업을 기획한다. 그래서 수업 계획은 체계적이고 조직적인 대신 고정된 경향이 있지만, 수업 디자인은 틀이 없고 자유분방한 대신 유동적이고 유기적으로 수업을 진행하는 경향이 있다.

수업 계획은 수업 진행 절차에 따라 수업을 기획하는 과정이다. 그래서 보편적으로 인정받고 있는 학습 모형에 맞추어 수업을 진행할 수도 있다. 예를 들어, 장수풍뎅이를 관찰하는 수업을 진행하고자 하면 관찰 학습에 잘 어울리는 탐구 모형을 활용할 수도 있고, 토론 수업을 하고자 하면 토론 활동과 어울리는 수업 모형에 맞추어 수업을 구상할 수도 있다. 그래서 수업 초심자도 이런 방식을 활용하면 쉽게 수업을 구상할 수 있다.

반면에 수업 디자인은 중심 활동 하나에 초점을 맞추기 때문에 수업 모형이 큰 의미가 없다. 수업 모형에 맞추려고 하면 오히려 어색해지기 쉽다. 또한 학생들의 편차 또는 다른 이유로 수업 진행 과정에서 변수가 많이 발생할 수 있다. 그래서 교사는 수업 진행 과정의 다양한 변수를 예측할 수 있어야 하기 때문에 수업 초심자인 경우 상대적으로 어렵다고 느껴질 수 있다.

'수업을 디자인한다'는 것은 선생님과 학생들이 수업으로 서로를 연결해 가는 하나의 관계 형성 과정이라고 할 수 있다. 교사와 학생이 일방적으로 주고받는 관계가 아니라 서로 소통하는 관계가 되어야 학생의 배움을 위한 디자인이 가능하기 때문이다. 교실에는 수많은 학생들이 있고, 그 학생들은 모두 각각 다른 특성을 갖고 있다. 그러므로 모든 학생들이 수업의 활동을 통해 의미를 느끼기 위해서는 학급 학생들에 대한 깊은 이해가 필수이다. '정현이는 평소 주연이에게 이런 식으로 이야기하는 편이다', '영운이는 기타를 좋아하지만 정열이는 배구를 좋아한다' 등 학생들을 잘 이해하고 있어야 학생 모두에게 의미가 되는 수업을 제시할 수 있다. 왜냐하면 40분이라는 시간 동안 학생들에게 제시할 수 있는 활동은 한계가 있으므로 학생들이 공통적으로 필요로 하는 것을 찾을 수 있어야 하기 때문이다.

BK's Recipe
03
___
수업 디자인
수업 사례

          앞 장에서 제시한 선대칭 도형 수업을 다시 하게 되었을 때 나는 그때 했던 실수를 반복하지 않도록 원점에서 수업을 디자인하기로 하였다. 먼저 내 수업에서 가장 큰 문제점을 분석한 결과 다음의 세 가지 문제를 찾을 수 있었다.

- 수업에서 가장 중요한 포인트를 제시하지 못했다.
- 너무 많은 것을 수업 시간에 하려고 했다.
- 수업에서 일어날 변수에 대처할 여유를 만들지 못했다.

이 문제점을 해결하고자 가장 먼저 '무엇을 배울 것인가?'를 중심으로 수업을 디자인하였다.

:: 우리 교실 속 선대칭 도형 찾기

이 수업은 선대칭 도형에 대한 개념을 이해하는 것을 목적으로 한다. 그래서 교실에 있는 선대칭 도형을 찾아보는 것을 수업의 핵심 활동으로 삼았다. 그리고 그것을 어떻게 할 것인가에 중점을 두고 수업을 전체적으로 디자인한 결과 다음과 같이 수업을 진행할 수 있었다.

수학 교과서에 제시된 선대칭 도형의 정의는 '접었을 때 완전히 겹쳐지는 도형'이다. 그러므로 수학 지식에 대한 검증을 실제로 해보는 것이 이번 수업에서는 중요한 요소라고 판단했다.

교실에서 흔히 선대칭 도형이라고 말하는 물건들을 찾아서 직접 접어보기로 했다. 시계나 TV 등을 실제로 접을 수는 없으므로 스마트 패드로 사진을 찍어 출력한 뒤 접어보면서 선대칭 도형인지를 판단해 보도록 했다.

수업을 실제로 진행하면서 의미 있는 결과가 나왔다. 맨소래담을 정면에서 보았을 때는 뚜껑이 비대칭으로 되어 있어서 선대칭이 아니지만 측면에서는 대칭이 된다는 것이었다. 그래서 그것을 가지고 평면도형과 입체도형에 대해 이야기를 더 이끌어갈 수 있었다.

우리 교실 속 선대칭 도형 찾기

- **학습 목표** : 선대칭 도형의 정의를 이해할 수 있다.
- **디자인한 장면** : 선대칭 도형을 찾아서 직접 접어보는 장면
- **핵심 활동** : 스마트패드로 선대칭 도형을 찾아 사진을 찍고 접어보기
- **활동 도구** : 스마트패드, 프린터, 가위, 풀 등
- **활동 과정**
  ① 선대칭 도형 분류하기 - 선대칭 도형인 것과 아닌 것 구분해 보기
  ② 선대칭 도형의 정의 정리하기
  ③ 교실 안에서 선대칭 도형을 찾아 사진을 찍고 출력하여 실제로 접어보기
  ④ 찾은 내용 함께 이야기해 보기
  ⑤ 선대칭 도형의 개념 정리하기

선대칭 도형 분류하기

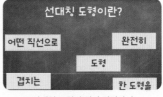
선대칭 도형의 정의 정리하기

교실 속에서 선대칭 도형 찾기

찾은 내용 함께 이야기하기

:: 함께 만드는 시화집 프로젝트

이 수업은 학생들이 어떤 대상을 '시'로 표현하기 위해 다양한 각도로 관찰하고 가장 잘 어울리는 비유를 찾아보게 하는 수업이다. 이 수업을 위해 학생들은 각자의 주제를 가지고 어떻게 비유할 것인가를 생각해 보았다. 그리고 그것을 시로 표현하고, 그림을 그려서 하나의 시화집으로 만들었다.

이 수업의 목적은 시화집을 만들어보는 것이다. 그래서 학생들이 '행복'이라는 단어에 대한 각자의 느낌을 하나의 활동(시화집 만들기)이 되도록 수업을 디자인했다. 이 수업에서는 모든 학생들이 시화집을 만드는 활동을 하되, 그 주제와 내용은 학생들이 직접 정할 수 있도록 함으로써 학생들의 집중도를 높였다.

학생들은 함께 행복에 대해서 이야기를 하면서 가장 행복한 순간이 언제였는지를 생각했다. 그 결과 학교에서 노는 시간, 가족 여행 등 정말 다양한 주제의 멋진 시화집이 만들어질 수 있었다. 또한 본인이 쓴 시를 노래처럼 흥얼거리는 학생도 있었다. 그 모습을 보면서 다음에는 노래로도 만들어봐야겠다는 새로운 목표가 생겨났다.

함께 만드는 시화집 프로젝트

- **학습 목표** : 관찰한 대상을 생각하며 시를 쓰고 시화로 표현할 수 있다.
- **디자인한 장면** : 각자 관찰한 대상의 느낌을 시화로 표현하는 장면
- **핵심 활동** : '행복'을 주제로 한 시화집 만들기
- **활동 도구** : 종이, 색연필 등
- **활동 과정**
    ① '행복'이라는 단어를 여러 관점에서 생각한다.
    ② '행복'을 무엇과 비유하면 좋을지 생각해 본다.
    ③ 비유한 내용을 생각하며 직접 시를 써 본다.
    ④ 작성한 시와 어울리는 그림을 그리며 시화로 표현해 본다.
    ⑤ 다른 친구들의 시화를 모아 시화집을 만들어본다.

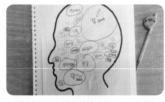
대상 관찰하기

자유롭게 이야기하며 생각 펼치기

시화로 표현하기

시화 전시하기

BK's Recipe
04

배움을
디자인하다

     ____ 모든 교실은 각자 다른 특성을 가지고 있다. 학생과 교사는 살아온 환경이 다르기 때문에 다른 교실에서 성공한 수업을 그대로 옮긴다고 해서 우리 교실에서도 성공하리라는 보장은 없다. 그러므로 모든 교실에서 동일한 수업을 진행하는 것은 현실적으로 불가능하다.

    또 올해 성공한 수업이라고 해서 내년에도 성공하리라는 보장은 없다. 반대로 올해는 실패했지만 내년에는 성공하게 될 수도 있다. 그러므로 내가 속한 교실과 가장 잘 맞는 방법을 교실 안에서 직접 찾고, 우리 교실에 맞게 변형하고 발전시키는 과정을 계속해 나가야 한다.

:: 단순함은 복잡함을 이긴다

  개념을 익히고자 하는 수업에서는 그 개념을 익히는 데 충실한 수업을 구상해야 하고, 의사소통을 목적으로 하는 수업에서는 의사소통을 극대화할 수 있는 수업을 구상해야 한다. 개념을 익히고자 하는 수업에서 수학적 의사소통 능력을 높이기 위해 아직 개념 정리도 되지 않은 학생들에게 수학 토론을 시키는 것은 학생들의 능력을 신장시키기는커녕 수포자를 양성하는 지름길이 된다. 최소한 학생들이 개념을 이해한 상태가 바탕이 되어야 의미 있는 수학 토론이 가능해진다. 그러므로 너무 많은 욕심을 수업에 채우려 하기보다는 불필요한 요소들을 줄여가며 수업 목표를 단순하게 설정할 필요가 있다.

  앞에서 수업의 방법과 절차를 강조하면 학생들의 배움을 보장할 수 없다고 이야기했다. 수업은 살아 있는 유기체처럼 흐름을 따라 자유롭게 움직인다. 그래서 수업을 복잡하고 체계적으로 구성하면 할수록, 수업의 흐름이 자연스러워지지 않고 예상치 못한 문제가 발생하게 된다.

  불필요한 요소를 줄이고 단순하게 구성된 수업은 복잡하고 촘촘하게 짜인 수업보다 학생들의 배움에 더 효과적이다. 수업의 중요한 부분에 집중하되, 흐름에 여유가 있도록 여백을 두는 것이 필요하다.

:: 학습 목표에 집중하기

사람들은 배고픔을 해소하거나 행복을 느끼기 위해 밥을 먹는다. 그리고 건강한 몸을 만들거나 스트레스를 해소하기 위해 운동을 한다. 이처럼 모든 행동은 어떤 목적을 띤다. 수업도 어떤 목적을 갖고 있다.

수업을 통해 얻고자 하는 목표를 학습 목표라고 한다. 앞서 이야기한 선대칭 도형 수업을 예로 들어보자. 이 수업에서 가장 중요한 목표는 '선대칭 도형의 개념을 구체화하는 것'이다. 그리고 그 개념을 실제로 검증해 보며 적용할 수 있어야 한다. 선대칭 도형의 개념 이해와 적용 활동에 최대한 집중하고 이 외에 꼭 필요하지 않은 활동은 제외하는 등 융통성 있게 수업을 구상해야 한다.

선대칭 도형 수업을 망칠 뻔했지만 결과적으로 위기에서 벗어날 수 있었던 것은 수업의 흐름을 방해하는 절차를 과감하게 생략했기 때문이었다. 비록 그 수업을 참관했던 선생님 중 일부에게 수업의 흐름이 너무 제멋대로였다는 지적을 받기는 했지만, 학생들은 선대칭 도형의 개념 자체에 집중할 수 있었다. 그래서 다른 많은 선생님들은 수업의 흐름과 몰입 중 무엇이 더 중요한가에 대해 고민할 수 있는 계기가 되었다고 이야기해 주셨다.

한번은 사회 시간에 '무신정권이 고려의 권력을 잡았을 때 왕과 다른 사람들은 어땠을까? 그리고 그 시절의 일반 백성들은 어땠을까'를

서로 질문하고 토의하는 수업을 한 적이 있다. 위의 모습처럼 서로 둘러앉아 함께 이야기하는 장면을 머릿속에 그리며 수업을 구상했다. 이 장면을 위해 학생들은 무신정권 시대에 있었던 일을 각자 공부한 후, 친구들과 함께 정리하며 질문을 만들어 주고받았다.

이런 일련의 과정으로 수업을 진행한 결과 학생들은 무신정권에 대해 스스로 공부해 가면서 질문거리를 만들 수 있었다. 무신정권으로 인해 어떤 부작용이 일어났는지도 예측하며 이야기하는 시간이 되었다.

토의 질문 만들기

:: 배움을 디자인하는 과정

디자인은 어떤 절차와 형식으로 이루어지는 것이 아니라 영감과 아이디어가 마구 섞이면서 비정형적으로 구성된다. 그러므로 디자인을 할 때 어떤 방법과 절차를 강제하는 것은 부작용이 있을 수 있다. 하지만 디자인을 해본 적이 없는 선생님이 조금이라도 시행착오를 줄일수 있도록 평소 내가 수업을 디자인할 때 체계화하는 과정을 제시해보고자 한다.

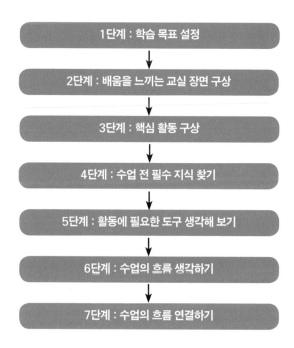

1단계 : 학습 목표 설정

수업의 성공 여부는 학습 목표를 달성했는가에 달려 있다. 아무리 다른 능력을 신장시켰더라도 학습 목표를 달성하지 못했다면 그 수업은 성공한 수업이라고 보기 어렵다. 그러므로 수업의 최우선 과제를 학습 목표 달성으로 놓고 수업을 디자인해야 한다.

2단계 : 배움을 느끼는 교실 장면 구상

학습 목표 달성을 위해 어떤 교실을 그려넣을지 생각해 보는 단계이다. 이때 중요한 것은 학생들이 어떤 행동을 할지를 정하는 것이 아니라 수업의 핵심이 되는 장면을 그려보는 것이다. 예를 들어 국어 시간에 '주제에 맞는 토론하기'가 학습 목표라면 토론하는 학생들의 모습을 머릿속으로 그려본다. 또 수학 시간에 정육면체의 성질을 찾는 것이 학습 목표라면 정육면체를 모두가 들여다보며 그 성질을 함께 찾고 토의하는 장면을 그려보는 것이다.

이 단계에서 내가 그린 장면이 실제 학생들의 행동으로 나타날 때 교사는 큰 보람을 얻는다.

3단계 : 핵심 활동 구상

'어떻게 하면 디자인한 장면처럼 실제로 학생들이 행동할 수 있을까?'를 생각해 보는 단계이다. 학생들이 수업에 몰입하기 위해서는 교사가 학생들의 행동을 강제해서는 안 된다. 그렇지만 학생들이 아직 수업을 통해 무엇을 배워야 하는지 모르는 상태이기 때문에 최소한의 규칙은 제시해 주어야 한다. 학생들이 배움에 도달하기 위해 어떤 활동을 제시할 것인가를 구상한다.

4단계 : 수업 전 필수 지식 찾기

학습 목표에 도달하기 위해서 학생들이 사전에 꼭 알아야 하는 개념이 있다. 예를 들어 6학년 수학의 '분수와 소수의 혼합계산'이라는 차시는 혼합계산의 과정을 이해하는 차시이다. 그런데 이 수업을 원활하게 진행하려면 분수와 소수를 자유자재로 다룰 수 있어야 한다. 그래서 교과서에서는 제시되지 않았지만 수업에 들어가기 전 차시에 분수와 소수를 자유자재로 바꾸어보는 활동을 먼저 한 후 수업을 진행했다. 이처럼 학습 목표에 도달하기 위해서는 그 전에 꼭 알아야 하는 필수 지식이 있다. 먼저 필수 지식을 습득하도록 한 후 수업을 진행해야 한다.

5단계 : 활동에 필요한 도구 생각해 보기

많은 선생님들은 수업을 진행하려고 할 때 도구의 문제로 인해 포기하거나 망친 경험이 있다. 예를 들어 서예 수업을 진행하려고 하는데, 붓을 가져오지 않아 수업을 할 수 없는 경우, 활농지를 나누어주려고 하는데 프린터가 출력이 되지 않는 경우 등이다. 이처럼 도구는 수업의 배움과 직접적인 연관은 없지만, 학습의 흐름을 유기적으로 만드는 중요한 요소이다. 그래서 사전에 준비가 가능한지를 꼭 살펴보아야 한다. 이런 상황을 교실 안에서 해결할 수 있다면 그 수업은 진행이 가능하지만, 그렇지 못하면 학생들의 배움에 어긋나는 결과를 초래할 수 있다.

6단계 : 수업의 흐름 생각하기

모든 일에는 기승전결이 있다. 교사가 아무런 방향 설정 없이 어떤 활동을 학생들에게 제시하는 것은 아직 마음의 준비가 되지 않은 학생들에게 무리한 요구가 될 수 있다. 교사는 학생들의 주도권을 존중해 주는 선에서 수업의 흐름이 유기적으로 진행될 수 있도록 해야 한다. 그리고 모든 학생들이 일정한 목표로 향할 수 있는 수업의 흐름 또한 생각해야 한다.

7단계 : 수업의 흐름 연결하기

수업의 흐름을 자연스럽게 연결하는 것은 수업의 몰입도를 높이는데 중요하다. 수업의 흐름이 잠깐이라도 끊기면 학생들의 몰입도가 상당히 떨어진다. 그러므로 수업의 흐름을 부드럽게 연결한 세련된 수업을 통해 학생들이 배움 자체를 즐길 수 있도록 만들어야 한다.

BK's Recipe
05
—
수업 디자인의
실제

_____ 내가 제시하는 수업 디자인의 과정이 모든 교실에 적용 가능한 정답이 될 수는 없다. 다만 수많은 시행착오를 거치면서 정리한 방식이므로 하나의 참고 자료는 될 수 있을 것이라고 생각한다.

이 장에서 살펴보는 두 수업은 내가 머릿속에서 그렸던 그림 이상으로 학생들이 몰입해 줌으로써 수업 디자인의 보람을 만끽하게 해주었던 수업이다. 머릿속에 그린 교실의 장면이 실제로 펼쳐지는 것을 보는 것은 교사의 행복이 아닐 수 없다. 이런 행복을 느끼는 과정을 지금부터 함께 살펴보도록 하자.

:: 수학 : 원기둥 진품명품

1단계 : 학습 목표 설정

기둥으로 분류될 수 없음에도 단순히 비슷하게 생겼다는 이유로 원기둥이라고 인정해 버리면, 이후 원기둥의 겉넓이와 부피를 구할 때 오개념이 생길 수 있다. 그래서 학습 목표를 '원기둥의 개념을 명확하게 알기'로 정했다.

2단계 : 배움을 느끼는 교실 장면 구상

학생들이 각자 원기둥으로 생각하는 물체를 준비해 오고, 그것이 원기둥이라고 생각하는 이유와 원기둥이 아니라고 생각하는 이유를 서로 토론하는 장면이 머릿속에 그려졌다. 이런 토론 활동을 통해 원기둥에 대한 우리 반 나름대로의 정의를 내릴 수 있으면 좋겠다고 생각했다.

3단계 : 핵심 활동 구상

원기둥의 조건에 부합하는 최고의 원기둥을 찾을 수 있기를 기대하

면서 수업 활동명을 '원기둥 진품명품'으
로 정했다. 수업 전 학생들이 원기둥이라
고 생각하는 물체를 가져오면 그 물체를
학생감정단이 감정을 하여 원기둥의 등급
을 매기는 방법으로 진행하기로 했다.

4단계 : 수업 전 필수 지식 찾기

이 활동을 하기 위해서는 먼저 학생들
이 가정에서 원기둥이라고 생각이 되는
물체를 가져와야 한다. 그러려면 최소한
원기둥이 무엇인지는 알아야 한다. 원기

원기둥

원 + 기둥

밑변이 원인 기둥

둥의 특징까지 자세하게 알려주면 활동
을 할 필요가 없어지므로 원기둥은 '밑면이 원인 기둥형 입체도형이
다'라고만 간단하게 안내했다.

5단계 : 활동에 필요한 도구 생각해 보기

원기둥의 후보로 내세울 수 있는 연필
꽂이, 분필 등을 비롯해 다양한 도구들이
교실에 있다. 하지만 일상적으로 더 가깝
게 만나는 물건을 통해 원기둥에 대한 흥
미를 높이고 싶었다. 그래서 학생들에게

원기둥이라고 생각하는 과자나 과자 상자를 가져오도록 했다. 그것이 원기둥으로 인정될 수 있는지 아닌지를 함께 판단해 보기로 했다.

6단계 : 수업의 흐름 생각하기

가장 먼저 모둠에서 학생들이 가져온 원기둥이라고 생각되는 물체를 비교하며 모둠에서 가장 높은 등급의 원기둥을 선정했다. 그다음 모둠별 대표 원기둥을 서로 비교하며 우리 반 최고의 원기둥을 선정하도록 했다. 그리고 그것을 바탕으로 원기둥의 결정적 요소(두 밑면이 같음, 밑면이 수직으로 이루어짐)와 비결정적 요소(그림이나 무늬) 등을 찾아보도록 구상하였다.

7단계 : 수업의 흐름 연결하기

학생들이 '무엇을 알게 되었는가?'를 정리하며 수학적으로 의미 있는 활동이었다는 것을 깨닫게 해주고 싶었다. 그래서 포스트잇을 활용해 원기둥의 결정적 요소와 비결정적 요소를 알아보고, 원기둥의 성질을 정리해 보았다. 이 활동은 수업을 마무리 지음과 동시에 다음 차시로 연결하는 다리 역할을 하는 데 좋은 활동이었다.

원기둥 진품명품

- **단원** : 원기둥, 원뿔, 구
- **학습 목표** : 원기둥의 정의를 알고 원기둥의 특징을 이해할 수 있다.
- **디자인한 장면** : 다양한 도구를 비교하며 원기둥에 대해 토론하는 장면
- **핵심 활동** : 원기둥의 조건에 부합하는 과자 상자 찾기
- **활동 도구** : 학생들이 가져온 원기둥형 과자나 과자 상자
- **활동 과정**

　① 모둠별로 원기둥의 조건에 가장 부합하는 과자나 과자 상자를 선정한다.

　② 선정된 이유와 선정되지 못한 이유를 간단히 정리한다.

　③ 모둠별로 선정된 과자나 과자 상자를 모아 우리 반 최고의 원기둥을 선정한다.

　④ 원기둥이 될 수 있는 결정적 요소와 비결정적 요소를 포스트잇에 정리한다.

　⑤ 칠판에 정리한 내용을 붙이며 비슷한 내용끼리 유목화한다.

　⑥ 원기둥의 정의를 우리 반에서 새롭게 만들어보고, 교과서 내용과 비교해 본다.

모둠별 최고의 원기둥 선정

우리 반 최고의 원기둥 선정

원기둥의 결정적 요소 찾기

원기둥 정의하기

:: 사회 : 무역 놀이

1단계 : 학습 목표 설정

무역은 단순히 나라와 나라 간의 재화

무역

나라간의 물건을
사고 팔고 교환하는 일

를 사고파는 행위가 아니라 경제 활동과
외교적 활동이 동시에 일어나는 총체적
활동이다. 그러므로 무역이 무엇인가를
이해하는 것이 무역 수업에서 가장 우선되어야 할 것이라고 생각했다.

2단계 : 배움을 느끼는 교실 장면 구상

학생들이 가지고 있는 재화를 바탕으로
직접 생산 활동을 하고, 그것을 다른 나라
와의 무역을 통해 자신의 나라의 경제 가
치를 높여보는 장면을 머릿속으로 상상해

보았다. 이런 활동을 통해 학생들이 무역에 대한 개념을 이해하면서
경제 활동의 중요성을 느낄 수 있을 것으로 기대했다.

3단계 : 핵심 활동 구상

무역을 체험해 볼 수 있는 활동을 고민하다가 SNS에서 한 선생님이
가위로 삼각형과 사각형을 아이들이 잘라오면 그것을 돈으로 환산해
주는 수업 사례를 보고 아이디어가 떠올랐다.

여러 나라에 각자 다른 인구 수(모둠원), 자원(종이), 기술(가위와 칼, 자, 색연필 등)을 제시하여 각자의 상황에서 가장 부자 나라로 만들어보는 수업을 '무역 놀이'라는 이름으로 구상했다.

4단계 : 수업 전 필수 지식 찾기

학생들은 수출과 수입이라는 것이 무엇인지를 알아야 이 활동을 할 수 있다. 그래서 무역의 뜻과 수출과 수입의 개념을 수업 전에 간단하게 알려주었다.

수출	수입
생산한 것을 다른 나라에 파는 것	다른 나라가 생산한 것을 사는 것

5단계 : 활동에 필요한 도구 생각해 보기

이 수업을 위해서는 돈, 자원, 기술이 필요하다. 돈은 따로 제작할 필요 없이 부루마블 화폐를 활용했다.

자원은 교실에 있는 A4용지를 활용하고, 가위와 자 그리고 색연필은 학생들이 가지고 있는 것을 활용함으로써 다른 불필요한 준비물을 없앴다.

학생들은 자신이 갖고 있는 재화를 활용해 A4용지를 삼각형과 사각형 모양으로 자르고 그것을 중앙은행에 수출한다. 그러면 그 수익금을 가지고 더 많은 자원을 사거나 돈을 모을 수 있다. 이렇게 해서 시간이 지난 후 가장 많은 돈을 번 나라와 경제성장률이 가장 높은 나라를 선정하기로 하였다. 또한 무역 활동의 결과를 정리하여 학생들이 활동을 통해 무역에 대한 이해를 높이도록 했다.

다소 복잡할 것 같은 규칙은 인쇄물로 정리해서 모둠마다 나눠주는 게 효과적일 것 같았다. 활동을 하기 전에 각 나라별 재화의 양, 모둠 구성원 수 그리고 삼각형과 사각형의 금액 등 게임의 규칙을 간단하게 정리해서 인쇄해 주었다.

무역 놀이

- **단원** : 우리 경제의 성장과 발전
- **학습 목표** : 무역의 뜻과 무역이 이루어지는 까닭 이해하기
- **디자인한 장면** : 직접 무역 활동을 하면서 수출과 수입을 자유롭게 하는 장면
- **핵심 활동** : 재화를 활용해 수출과 수입을 하는 무역 활동
- **활동 도구** : 부루마블 화폐, A4용지, 가위, 칼, 색연필
- **활동 과정**

　　① 나라를 정하고, 그 나라에 맞는 인원, 돈, 자원, 기술 등을 갖는다.
　　② 갖고 있는 재화를 바탕으로 A4용지를 삼각형과 사각형으로 자른다.
　　③ 자른 것을 중앙은행(선생님)에 팔고 돈을 얻는다.
　　④ 정해진 시간이 지났을 때 가장 많은 돈을 번 나라와 경제성장률이 높은 나라를 뽑는다.
　　⑤ 무역을 더 잘할 수 있는 방법은 무엇이 있는지 이야기해 본다.
　　⑥ 무역의 뜻과 무역을 왜 해야 하는지 이야기를 나눈다.

나라 선정

재화를 바탕으로 삼각형, 사각형 생산

무역 활동

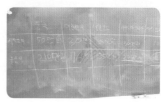

결과 정리

BK's Recipe
06
교실 속 이야기를
수업에 담자

_____ 교사가 단순하게 지식을 전달하는 것만으로는
학생들에게 배움의 의미를 줄 수가 없다. 지식을 습득하는 과정을 학
생들 스스로가 의미 있는 행동으로 받아들여야 한다. 이때 수업 내용
에 대한 심리적 거리가 학생들의 태도에 영향을 준다. 심리적 거리가
가까울수록 학생들은 의미를 부여하여 행동하게 되는 것이다.

우리 반 학생들과 심리적 거리가 가장 가까운 곳은 첫 번째가 '가
정'이다. 그리고 두 번째는 자신이 소속된 '학급의 친구들'일 것이다.
우리 반 학생들끼리의 심리적 거리는 반 모두가 의미를 느낄 수 있을
만큼 가깝다. 그러므로 수업에 우리 교실을 담아낸다면 우리 반 모두
가 배움의 의미를 조금 더 가깝게 느낄 것이다.

다시 말하자면, 우리 반 학생들에게 가장 가까운 이웃은 바로 우리 교실에 있는 학생들이다. 그리고 수업 시간에 우리 반 모두에게 의미가 될 수 있는 장소는 바로 우리 반 교실이다. 수업에 의미를 더하기 위해서는 교실의 이야기를 담아내는 것이 가장 효과적이다.

지역화 수업이라는 말이 있다. 학습 내용을 지역에서 찾아 학교의 여건이나 학생의 심리·사회적 배경 등을 학습 내용에 편성하는 것을 말한다. 지역화 수업은 지역 사회에 대한 흥미와 관심을 유발할 수 있고, 지역과 관련이 있는 학습을 통해 학습의 능동성을 확보할 수 있다는 점에서 많은 수업에서 활용되고 있다.

나는 여기서 더 나아가 수업의 의미 자체를 교실에서 찾자는 뜻에서 '교실화 수업'을 이야기해 보고자 한다. 지역화 수업이 지역에 대한 이야기를 수업에 담는 것이라면, 교실화 수업은 학습과 관련된 것을 교실 상황과 연결하는 수업을 말한다. 이렇게 교실 상황과 학습을 연결하면 다음과 같은 장점이 있다.

첫째, 학생들은 교실 상황과 수업 내용을 연결함으로써, 내가 배우는 지식이 실제의 삶과 연결되어 있다는 것을 느낄 수 있다. 또한 학생 스스로 교실 세계를 탐구하는 과정에서 학습의 주체로서 수업에 점점 몰입하게 된다.

둘째, 교실의 이야기를 수업에 담는 것은 학생들의 심리적 거리를 가장 가깝게 함으로써 배움의 영향력을 극대화할 수 있게 한다. 그래서 수업의 과정을 더욱 쉽게 이해하고 받아들인다.

셋째, 학생들은 자신이 가장 많은 시간을 보내는 장소인 교실에서 친구들과 더욱 친밀한 관계를 형성할 수 있다. 친구들과 더 많이 소통하며 서로가 서로를 함께 도와주는 과정에서 하나의 수업 공동체로 발전할 수 있다.

:: 교실화 수업

내가 생각하는 교실화 수업이란 수업을 교실 상황에 맞춰 재구성하는 것이다. 그럼으로써 학생들이 배움의 의미를 새길 수 있도록 하는 수업을 뜻한다. 그래서 교실의 특성에 맞추어 크게 '학습 목표의 교실화'와 '학습 방법의 교실화' 두 가지로 구분해 보았다.

1. 학습 목표의 교실화

학습 목표의 교실화 수업은 학습 목표 자체를 교실의 특성에 맞게 재구성하여 디자인하는 수업을 말한다. 학생들의 핵심 성취 기준은 전국 공통으로 도달해야 하는 목표이지만, 교과서에 있는 학습 목표는 재구성을 어떻게 하느냐에 따라 수정이 가능하다. 그래서 핵심 성취 기준은 살리되, 학습 목표를 우리 교실에서 실제 적용해 볼 수 있는 생생한 주제를 찾아 구성한다. 우리 반에 가장 잘 어울릴 수 있도록 교육 과정 자체를 재구성하여 학습 목표를 선정하고 실행한다.

과 목	학습 목표	학습 목표의 교실화
국 어	목적에 맞는 책을 찾는 방법을 이해할 수 있다.	도서관에서 보물찾기 방식으로 진행
	유도지와 허준의 삶을 비교할 수 있다.	이상과 현실 사이에서 나는 무엇을 추구하는지 살펴보기
수 학	비율그래프를 그릴 수 있다.	우리 반에 있는 물건들의 원산지 비율 그래프 그려보기
사 회	무역의 뜻을 이해할 수 있다.	무역 놀이 – 세계 제일의 부자가 되어봅시다.
	도시와 농촌의 특성을 이해할 수 있다.	'태백은 도시인가요?' 토론하기
과 학	꽃의 특성을 알고, 다양한 꽃을 비교할 수 있다.	함백산 야생화 관찰 도감 만들기

• 수업 사례 : 국어 – 책 속의 지혜를 찾아서

 5학년 국어에 '책을 십진분류법에 맞춰 찾아보고 이야기하기'라는 단원이 있다. 이 단원에는 원하는 책을 찾는 방법을 알기 위해 십진분류표를 활용하는 방법이 제시되어 있다. 하지만 교과서에는 책을 목적에 맞게 골랐는지 확인하는 차시가 제시되어 있지 않다. 그래서 친구에게 어울리는 책을 직접 선정하고 친구가 책을 찾을 수 있는 기회

책 속의 지혜를 찾아서

- **학습 목표** : 십진분류표를 이해하고, 십진분류표를 활용해 책을 찾을 수 있다.
- **디자인한 장면** : 함께 책을 찾아보며 읽고 이야기하는 장면
- **핵심 활동** : 책을 십진분류법에 맞춰 찾아보고 이야기하기
- **활동 장소** : 학교 도서관
- **활동 도구** : 책, 활동지
- **활동 과정**

  ① 십진분류법에 대해 이해한다(도서관 사서 선생님 특강).

  ② 원하는 책을 골라 보물을 숨겨둔다.

  ③ 책 제목, 주제어, 읽는 목적, 십진분류법 기호를 미리 표시해 둔다.

  ④ 십진분류법 기호 또는 주제어를 힌트로 암호 활동지를 만든다.

  ⑤ 이 활동지를 활용해 다른 친구들은 친구가 숨겨둔 보물 책을 찾는다.

  ⑥ 십진분류법이 책의 목적에 맞게 쓰여 있는지 확인한다.

  ⑦ 활동한 내용을 함께 이야기하며 정리한다.

십진분류법 특강

책 속에 보물 숨겨두기

암호문을 확인하며 보물찾기

십진분류표 확인하기

를 제공하면 수업 목표에 적합하겠다는 생각이 들었다. 그래서 교과서 차시에는 없지만 친구에게 책을 소개하는 수업을 진행해 보기로 했다. 책을 보물이라고 생각하고 십진분류표를 활용해 원하는 책을 지정한 후, 친구가 숨겨놓은 책을 직접 찾아보는 활동을 계획했다.

2. 학습 방법의 교실화

학습 방법의 교실화 수업은 학습 목표는 바꾸지 않고, 교과서에 제시된 학습 방법을 교실의 상황에 맞게 재구성해 적용하는 방식이다. 학습 목표에 더 쉽게 도달할 수 있도록 학생들이 가깝게 느끼는 학습 방법으로 바꾸어 수업을 진행한다.

예를 들어, 국어 교과에서 학습 목표가 '이야기를 통해 주인공의 성격을 파악'하는 것일 때 교과서에 담긴 학습 방법에서 제시된 '이야기 속 주인공'은 학생들에게 심리적으로 거리가 먼 인물이다. 심리적으로 가까운 우리 반 친구들의 말과 행동을 통해 성격을 분석해 보는 활동으로 학습 방법을 바꾸어 교실화해 보았다.

과목	학습 목표	학습 방법의 교실화
국어	이야기 속 주인공의 삶을 이해할 수 있다.	우리 반 친구들의 말과 행동을 통해 성격 분석하기
	다양한 방법으로 발표를 할 수 있다.	우리 반 여행 계획 세우고 발표하기
수학	비와 비율을 알 수 있다.	우리 반 친구들은 몇 등신인지 알아보기
	부피의 단위를 알 수 있다.	우리 반 교실의 부피 구하기
사회	인권의 정의와 필요성을 알 수 있다.	인권이 보장되지 않은 학급 체험하기
	국회, 정부, 법원의 필요성을 알 수 있다.	모의 국회 및 재판 체험하기
과학	속력의 뜻을 알 수 있다.	탁구공 빨리 굴리기 대회

• 수업 사례 : 수학 – 우리 반의 부피는 얼마인가요?

m^3의 단위는 cm^3의 100만 배나 되는 큰 단위이기 때문에 학생들이 그 차이를 가늠하기 힘들다. 하지만 m^3는 가로, 세로, 높이가 모두 1m인 정육면체의 부피로, 생각보다 크지 않다. 그래서 실제로 m^3가 어떤 상황에 쓰이는지를 직접 체험해 보기 위해 교실의 부피를 구하며 수 감각을 익히는 수업을 구상했다.

우리 반의 부피는 얼마인가요?

- **학습 목표** : m^3의 단위를 이해하고 m^3를 사용해 부피를 구할 수 있다.
- **디자인한 장면** : 교실의 여기저기를 직접 측정하고 부피를 구하는 장면
- **핵심 활동** : 교실의 부피를 측정하기
- **활동 장소** : 교실
- **활동 도구** : 줄자, 활동지
- **활동 과정**
  ① 교실의 부피가 얼마쯤 될지 어림해 본다.
  ② 줄자로 교실의 가로, 세로, 높이를 잰다.
  ③ 실제로 계산해 본다.
  ④ m^3와 cm^3로 교실의 부피를 각각 정리한다.
  ⑤ 칠판에 정리한 내용을 기록하고 발표한다.

교실 부피 어림하기

교실 부피 재기

교실 부피 계산하기

칠판에 기록하고 발표하기

Q

협업과 소통이 불가능한 학생들을 설득하는 방법은 무엇인가요?

A

협업과 소통이 불가능한 학생들은 대개 다음과 같은 공통점을 갖고 있습니다.

- 항상 자신의 말만 옳다고 한다.
- 다른 친구들의 말을 잘 듣지 않는다.
- 마음에 들지 않는 경우 힘으로 제압하려고 한다.

협업과 소통이 불가능한 학생은 기본적으로 다른 학생들보다 '힘이 센' 학생인 경우가 많습니다. 평소 다른 학생들을 존중하지 않아도 되었던 학생이기 때문에 수업 시간에도 그 흐름이 유지되는 상황이라고 볼 수 있습니다. 그래서 단순하게 그 학생을 질책한다고 해서 그 학생이 협업과 소통이 바로 가능하다는 보장은 없습니다. 왜냐하면 그 학생은 지금까지 협업과 소통이 없이도 잘 살아왔기 때문입니다.

그래서 이런 학생들에게 가장 우선시 되어야 하는 것은 '기득권'을 내려놓고 동등한 입장에서 바라보게 하는 것입니다. 내가 다른 친구들보다 특별한 사람이 아니기 때문에 내가 누려야 하는 권리와 주장이 있는 것처럼 다른 친구들의 생각을 존중해야 한다고 느낄 수 있게 해주어야 합니다. 수업 내에서는 무조건적인 억제보다 학급 생활 전반적인 상황에서 다른 구성원들과 융화될 수 있도록 학급의 분위기를 잘 형성해 주는 것이 필수입니다.

Q
다인수 학급인 경우 소인수 학급보다 적용이 불리하지 않을까요?

A
다인수 학급과 소인수 학급은 학급의 학생 수라는 차이가 있습니다. 하지만 모둠 구성원의 수는 4~6명으로 다인수 학급과 소인수 학급이 동일하게 구성이 됩니다. 그러므로 다인수 학급은 모둠의 수가 소인수보다 많아지는 것일 뿐, 학생들이 이야기하는 단위는 같습니다. 그래서 활동에 대한 본질적인 차이는 없다고 봐도 무방합니다.

실제로 인디스쿨에 제 수업 내용을 꾸준히 올리고 있는데, 제가 좋았다고 느꼈던 수업은 다인수 학급의 선생님들도 활용해 보시고 만족해 하셨습니다. 반면에 제가 조금이라도 어려움을 느꼈던 수업은 마찬가지로 어려웠다고 말씀해 주시는 것을 보면서 학생 수는 활동의 질적 차이에 결정적인 영향을 끼치지는 않는다고 판단할 수 있었습니다. 참고로 현재 우리 반 학생 수는 15명인데, 제가 수업에 가장 어려움을 느꼈을 때의 학생 수는 13명이었습니다.

Q

참여형 수업이 가능한 학급의 적절한 학생 수는 어떻게 될까요?

A

참여형 수업에 알맞은 학생 수에 대해서는 다양한 의견이 많습니다. 개인적으로 참여형 수업을 적절하게 진행하기 위해서 모둠원이 최소 3명 정도는 되어야 한다고 생각합니다. 그래야 의사소통과 협업이 가능하고, 부족한 부분을 서로 채워줄 수 있기 때문입니다. 그리고 모둠원들이 구성한 내용을 다른 모둠과 비교하여 장점과 단점을 분석할 수 있어야 합니다. 이때 모둠이 두 개라면 나와 다른 모둠의 의견이 다를 때 선생님이 그것을 정리해 주어야 합니다. 하지만 모둠이 세 개라면 더 많은 의견을 비교할 수 있습니다. 이런 여건들을 고려해 볼 때 3명×3모둠, 즉 최소 9명은 있어야 참여형 수업을 원활하게 진행할 수 있습니다.

다인수 학급의 적절한 인원은 교사의 능력에 따라 다르다고 생각합니다. 더 많은 의견을 개진하고 다양한 사람들과의 협업을 위해서 저는 교사의 능력을 벗어나지 않는 한 많으면 많을수록 좋다고 봅니다.

Q
학생 수가 적은 극소인수 학급에서는 어떻게 할까요?

A

학급별 학생수가 5명이 되지 않는 극소인수 학급에서는 아무래도 다양한 학생들과의 의사 소통이 어렵습니다. 그래서 참여형 수업을 하더라도 100% 효과를 보지 못할 수도 있습니다. 저는 이런 경우 두 가지 방법을 추천해 드립니다.

첫 번째는 다른 학년과의 협업, 그리고 두 번째는 온라인으로 다른 학교와 협업하는 방법입니다.

다른 학년과의 협업은 학생들에게 은근히 효과가 좋습니다. 고학년이 저학년을 가르쳐주는 경우가 대부분이기는 하지만 가끔씩 반대의 경우가 나오기도 합니다. 그래서 일반적이지 않은 새로운 방식의 협업이 완성되기도 합니다. 모든 수업을 협업으로 진행하기는 어렵겠지만 약간의 교육과정 재구성을 통해 다른 학년과 협업 수업을 진행한다면 의미 있는 활동이 될 수 있을 것입니다.

두 번째는 다른 학교와 온라인으로 하는 협업입니다. 제가 아는 두 학교는 학생 수가 2명 이하인 극소인수 학급이었습니다. 그런데 이 두 학교의 학생들이 화상 통신으로 리코더 합수하는 장면을 온라인으로 볼 수 있었는데, "혼자서 하면 느낄 수 없는 떨림을 온라인이지만 느낄 수 있어서 좋았다"는 학생들의 소감이 매우 감동적이었습니다.

싱싱한 가르침과 생생한 배움이
살아 숨쉬는 맛있는 수업 노하우!

Part 4
수업의
재구성

쉬운 수업은 누구나 할 수 있다.
쉬운 수업은 특별한 수업이 아니다.
평범한 일상을 특별하게 만드는 수업이 쉬운 수업이다.
쉬운 수업을 통해 학생과 교사 모두가 성장하는 즐거움을 느껴보자.

국어
인물의 삶을 찾아서

_____ 국어 과목은 우리가 사용하는 표현 방식 자체를 배우는 것이다. 즉, '내가 어떻게 표현하고, 상대방의 표현을 어떻게 이해할 수 있는 것인가'에 대한 방법을 탐구하는 과목이다. 그런데 교과서에 있는 지문의 내용보다 형식 자체에 집중하는 경향이 있어, 자칫 잘못하다가는 내용을 받아들이지도 못하고 학습 목표에도 도달하지 못하는 재미없는 과목으로 변질되기 쉽다.

국어는 다른 과목과 달리 내 자신의 경험에 비추어 재구성할 수 있는 과목이나. 그래서 국어 수업을 디자인할 때는 '나라면 어떻게 할까?'를 가장 먼저 생각한다. 예를 들어 〈토의의 절차와 방법〉에 대한 단원을 공부한다면 '나는 토의를 어떤 방식으로 진행하는가?'를 가장 먼저 염두에 두는 것이다. '나라면 이 상황에서 어떻게 표현할 것인가?'를 스스로 고민하고 판단할 수 있게 한다면, 학생들 스스로가 의사소통 과정을 통해 국어 교과의 존재 가치를 느끼게 될 것이다.

:: 수업의 재구성

1. 단원명

인물의 삶을 찾아서

2. 학습 목표

인물이 어떤 삶을 추구하였는지를 그 사람이 했던 말과 행동을 통해서 판단할 수 있다. 나는 이 단원을 통해 학생들이 스스로의 말과 행동을 되돌아볼 수 있는 계기를 만들어주고 싶었다. 먼저 교과 내용을 통해 인물의 말과 행동 그리고 평소의 가치관을 살펴보며 그 인물이 추구하는 삶을 파악해 보기로 했다. 그리고 학생들이 친구와 자신에게 적용해 보며 나의 말과 행동이 '내가 추구하는 삶'을 나타낼 수 있음을 깨닫기를 바랐다. 단순히 교과서의 지식으로만 머물지 않고, 자신의 생활 모습을 되새겨보는 활동으로 단원을 재구성하였다.

3. 단원의 재구성

차시	학습 목표	주요 내용 및 활동
1~2	이야기에서 인물이 추구하는 삶을 파악하는 방법 알아보기	• '나무 심는 사람' 이야기를 읽고 왕가리 마타이가 추구하는 삶을 파악하는 법 이해하기
3~4	인물이 추구하는 삶 파악하기	• 친구들의 말과 행동 관찰하기 • 친구들이 추구하는 삶이 무엇인지 판단하기
5	드라마를 보고 인물의 삶과 자신의 삶 관련지어 말하기	• 허준과 유도지가 과거시험을 볼 때 어떤 행동을 했는지 살펴보기
6~8		• 허준과 유도지가 추구하는 삶이 무엇인지 5면 분석 활동지를 통해 분석하기 • 허준과 유도지 중 나는 어떤 사람이 되고 싶은가에 대해 토론해 보기

:: 수업 사례

1. 우리 반 친구들이 추구하는 삶 파악해 보기

인물이 추구하는 삶을 파악하기 위해 교과서에 제시된 지문은 '왕가리 마타이'라는 아프리카의 환경 운농가에 대한 이야기이다. 그런데 학생들은 왕가리 마타이가 훌륭한 사람인 것은 알지만, 더 깊이 들여다보려고 하지 않았다. 그래서 학생들에게 가장 가까운 사람들인 우리 반 친구들이 추구하는 삶이 무엇인가를 찾아보도록 수업을 구성했다.

어떤 방식으로 학생들이 추구하는 삶을 생각해 보도록 할까 고민하다가 반 친구를 한 명씩 선정하여 그 친구가 그동안 했던 말과 행동을 바탕으로 다양한 상황에서 어떻게 행동할지 예상해 보는 시간을 가졌다.

수업의 시작은 대상자 뽑기였다. 학급 전체를 관찰하고 분석하는 것은 비효율적이므로 뽑기를 통해 선정한 친구를 분석하기로 했다.

자신이 뽑은 대상자를 유심히 바라보며 그 친구가 평소에 어떤 말과 행동을 자주 하는지를 떠올려보게 했다. 학년당 한 반뿐인 시골 학교에서 5년 동안 동고동락한 학생들이기 때문에 그 친구가 누구와 친하게 지내는지, 어떤 과목을 좋아하고 싫어하는지를 잘 알 것이라고 생각했다. 하지만 학생들은 예상 외로 다른 친구를 깊게 분석해 본 경험이 거의 없었던 탓에 처음에는 조금 어려워하며 선정된 친구에게 질문을 하기도 했다. 그것을 본 나는 학생들에게 절대로 질문하지 말고 본인이 보고 들었던 것을 바탕으로 판단해야 한다고 이야기해 주었다. 그러자 학생들은 활동지를 차분하게 응시하면서 그 친구가 어떤 사람인지 정리하기 시작했다.

작성을 모두 마친 후에는 모두가 서로를 바라볼 수 있도록 책상을 'ㄷ'자 모양으로 배치하고 이야기를 나누었다. 이야기 방식은 다음과 같다.

우리 반 친구들이 추구하는 삶을 파악해 보기

- **단원** : 인물의 삶을 찾아서
- **학습 목표** : 말과 행동을 분석하여 친구들이 추구하는 삶 파악하기
- **디자인한 장면** : 학급 친구들을 자세히 관찰하고 분석하는 장면
- **핵심 활동** : 친구를 분석해 보고 추구하는 삶이 무엇인지 알아보기
- **활동 도구** : 활동지
- **활동 과정**

  ① 말과 행동을 파악할 대상을 뽑기를 통해 선정
  ② 선정한 대상이 일상에서 어떻게 행동할지 생각해 보기
  ③ 선정한 대상이 가장 소중하게 생각하는 것이 무엇인지 생각해 보기
  ④ 선정한 대상이 추구하는 삶이 무엇인지 정리하기
  ⑤ 나 자신은 무엇을 추구하고 있는지 정리하기
  ⑥ 학급 친구들은 다른 사람들을 어떻게 보고 있는지 이야기 나누기

대상자 뽑기

친구들의 말과 행동 관찰하기

선정한 대상이 추구하는 삶 생각하기

친구들과 이야기 나누며 정리하기

동혁이가 동민이에 대한 이야기를 하고 나면 동민이가 자신의 이야기를 하며 다른 사람이 본 나의 모습과 내가 본 나의 모습을 비교해 보았다. 그리고 자신이 분석한 친구를 말하는 릴레이 방식으로 모두가 참여할 수 있도록 진행했다.

정말 재미있었던 점은 평소에 자기 자신을 잘 드러내는 사람은 내가 본 모습과 친구가 본 모습에서 비슷한 점이 많았는데, 자신을 잘 드러내지 않는 사람은 두 사람이 다른 내용을 말하는 경우가 많았다는 점이었다. 그래서 자기 자신을 잘 드러낼수록 다른 사람이 자신을 정확하게 파악할 수 있다고 이야기해 주면서 수업을 마무리했다.

2. 나는 허준과 유도지 중 어떤 사람일까?

〈허준〉은 1999~2000년 전국을 강타한 인기 드라마였다. 이 드라마에서 허준과 유도지는 전혀 상반된 캐릭터를 가진 평생의 라이벌로 나온다. 교과서에 제시된 내용은 과거시험을 볼 때의 장면이다. 허준과 유도지는 함께 과거시험을 보러 가는데, 유도지는 시험관에게 뇌물을 바쳐 과거에 급제하지만, 허준은 환자를 돌보느라 과거시험장에 정시에 들어가지 못해 낙방하게 된다.

이 상황에서 '허준과 유도지가 추구하는 삶이 무엇인가?'를 판단해 볼 때, 단순하게 허준은 좋은 사람, 유도지는 나쁜 사람이라고 하기에는 두 사람의 캐릭터가 매우 입체적이다. 그래서 두 캐릭터를 더 분석해 보고자 5면 분석 벤다이어그램을 구성해 보기로 했다. 다음 질문에 답하며 벤다이어그램을 완성했다.

① 능력 : 내가 성공하고자 하는 데 능력은 얼마나 중요한가?

② 나와 타인 : 나 자신의 성공과 타인이 성공하도록 돕는 것 중 무엇이 더 중요한가?

③ 양심 : 성공을 위해 양심을 버려도 되는가? 아니면 성공에 실패하더라도 양심을 지켜야 하는가?

④ 신념 : 내가 생각한 것은 끝까지 지켜나가야 하는가? 아니면 주변 상황에 맞춰 바꿔야 하는가?

⑤ 노력과 환경 : 나의 성공에 가장 도움이 되는 것은 나의 노력인가? 아니면 주변의 도움인가?

이 그래프를 학생들에게 직접 그려보도록 했는데 예상과 다른 결과를 보여주었다. 나는 이 수업을 구상할 때 학생들이 '허준과 같은 삶이 성공적인 삶이다'라고 생각할 것을 예상했다. 실제로도 교과 과정은 허준의 삶이 이상적이라고 계시하는 수업이기도 했다. 그렇지만 많은 학생들이 허준과 같은 사람이 되는 것은 성인과 같은 삶이기 때문에 자기가 생각하는 성공과는 조금 다르다고 판단했다. 오히려 유노지 같은 사람이 되는 것이 성공의 지름길로 갈 수 있는 방법이라고 생각하는 경향을 보였다.

허준과 같은 상황을 겪을 경우 '내가 허준이라면?' 어떻게 행동했을 지 토론 활동을 했다.

과거를 보러 가겠다는 의견을 보인 팀의 주된 논지는 한 명을 구하 기 위해 더 많은 사람들을 구할 수 있는 기회를 놓치는 것은 나라 전 체에도 손해라는 것이었다. 그 환자는 주변의 의원에게 부탁을 하고, 본인은 과거시험을 봐서 더 많은 사람들을 돕는 것이 중요하다는 의 견이었다.

이와 반대로 지금의 환자가 중요하다고 말했던 팀은 굳이 의원이라 는 자격이 환자를 구하는 데 중요한 것이 아니라 의원의 양심과 책임 이 더 중요하다고 말했다. 사람을 살리는 것이 의원의 책무라면 환자 를 모른 척하는 것은 그 책무를 저버리는 것이고, 한 번 사람을 버린 의원은 두 번도 버릴 수 있으므로 훌륭한 의원이 될 수 없다는 의견이 었다.

학생들은 이 토론을 통해 '성공한 삶이란 무엇인가?'에 대해 깊게 이야기해 보는 시간을 가졌다.

토론이 끝난 후 '어떤 성공을 꿈꾸는가?'라는 질문을 학생들에게 했 더니 많은 학생들이 '행복'이라는 키워드를 꺼냈다. '행복한 삶이 성공 한 삶이다'라는 말은 누구나 할 수 있는 말이지만 누구나 느낄 수 있 는 말은 아니다. 직접 행복한 삶을 체험한 수업은 아니지만, 학생들이 다른 사람들을 분석하고 자신의 삶과 비교해 보면서 다양한 삶을 간 접 체험할 수 있는 기회를 주었다는 점이 이 수업의 가장 큰 의의였다.

나는 허준과 유도지 중 어떤 사람일까?

- **단원** : 인물의 삶을 찾아서
- **학습 목표** : 허준과 유도지의 가치관을 분석하고 자신의 삶과 비교할 수 있다.
- **디자인한 장면** : 나는 어떤 사람인지를 분석해 보고 토론하기
- **핵심 활동** : 허준과 유도지의 가치관을 분석하고 자신과 비교해 보기
- **활동 도구** : 활동지
- **활동 과정**

    ① 허준과 유도지 중 누가 더 훌륭한 사람인지 생각해 보기

    ② 5면 분석 벤다이어그램을 통해 어떤 삶이 성공한 삶이라고 생각하는지 알아보기

    ③ '내가 허준이라면 과거를 보러 갔을까?'라는 주제로 토론하기

    ④ 토론한 내용을 바탕으로 '성공한 삶이란 무엇인가?'라는 주제로 이야기 나누기

5면 분석 벤다이어그램

벤다이어그램을 통한 자기 분석

'내가 허준이라면?' 토론하기

'성공한 삶이란 무엇인가?' 이야기하기

BK's Recipe
02
———
수학
비율그래프

_____ 수학 과목에 대한 학생들의 가장 큰 오해는 수학은 '어디에도 쓸 데가 없다'는 것이다. '1+1'을 예로 들자면, 학생들은 '1+1=2'라는 수학의 답은 알고 있어도 그것이 어떤 의미를 갖고 있는지 이해하려는 노력은 하지 않는다. 정답만 맞추면 성공한다고 여겨지는 현재의 분위기에서 수학적 추론은 학생들에게 크게 중요하지 않기 때문이다. 바로 이런 부분이 수학과 학생들을 멀어지게 하는 가장 큰 원인이 되었다.

'수는 어디에나 존재하고 그것을 찾는 여정이 수학 과목이다'라는 것을 학생들이 느끼게끔 하는 것이 무엇보다도 중요하다. 그래서 나는 최대한 학생들이 생활과 연계된 다양한 상황에서 수를 느낄 수 있도록 수업을 디자인하려고 한다. 〈비례와 비율〉 단원에서는 학생들이 몇 등신인지를 따져보도록 하고, 〈도형〉 단원에서는 교실에서 직접 볼 수 있는 다양한 도구를 최대한 활용하려고 노력한다.

수학이 우리 주변의 어디에나 존재하는 친구와 같다는 것을 알게 된다면, 학생들은 수학의 원리에 조금 더 집중할 수 있을 것이다.

:: 수업의 재구성

1. 단원명

비율그래프

2. 학습 목표

어떤 종류의 조사를 하든 그 결과를 정리하기 위해서는 통계를 내야 한다. 그래서 수학뿐 아니라 전 과목에서 통계는 꼭 필요하다. 하지만 많은 학생들이 조사 결과를 그래프로 나타내는 활동을 할 때 교사가 제공하는 내용을 단순히 정리하는 데 그치고 마는 경향이 있다. 조사 결과를 정리하고 그래프로 나타내며 이것이 교실 상황에서 어떻게 활용되는지 학생들이 직접 체험할 수 있도록 통계 수업을 해보았다.

3. 단원의 재구성

차시	학습 목표	주요 내용 및 활동
1~2	비율그래프가 무엇인지 알 수 있다.	• 파워포인트로 여러 종류의 그래프 표현해 보기 • 각자 주제를 정하고 조사한 후 파워포인트를 활용하여 비율그래프 및 막대그래프로 나타내기
3~4	띠그래프와 원그래프를 해석할 수 있다.	• 제공된 띠그래프와 원그래프 해석하기
5~6	조사 결과를 비율그래프로 나타낼 수 있다.	• 우리 반 물건의 원산지를 조사하고 그것을 비율그래프로 나타내기
7	띠그래프를 다양한 방법으로 나타낼 수 있다.	• 쌓기나무로 띠그래프 표현해 보기
8~9	조사한 결과를 원그래프로 나타내고 비율을 확인할 수 있다.	• 생활 계획표를 원그래프로 나타내고 비율 확인하기

:: 수업 사례

1. 우리 반 물건들은 어디에서 왔을까?(수학 · 사회 융합 수업)

5학년 사회 2단원은 이웃 나라와의 교류에 대한 내용이다. 중국, 일본, 러시아와의 경제 교류에 대한 내용인데, 가장 먼저 나오는 내용이 우리나라 물건의 원산지가 대부분 중국과 일본이라는 것이었다. 그래서 이 내용을 수학의 비율그래프와 접목하여 실제로 우리 반 학생들이 갖고 있는 물건들의 원산지가 어디인지, 그리고 원산지 비율은 어떻게 되는지를 조사해 보기로 했다.

수업을 진행하기에 앞서 원산지에 대해 간단하게 설명하고, 학생들이 갖고 있는 물건에서 원산지를 찾는 방법을 알려주었다. 학생들은 자신이 갖고 있는 물건의 원산지가 우리나라라는 사실보다 원산지를 직접 눈으로 확인할 수 있다는 것을 더 놀라워했다.

수업의 흐름은 개인에서 모둠, 반 전체로 확장해 가며 조사한 내용을 정리하기로 했다. 처음부터 모둠으로 진행을 하면 학생들이 자신의 물건을 제대로 보지 못할 수 있기 때문이다.

활동을 시작하기 전에 학생들에게 가장 많은 비중을 차지하는 원산지가 어디일 것 같냐고 물으니 '중국산'이 가장 많을 것 같다는 의견이 대부분이었다. 그렇지만 실제로 학생들이 원산지를 조사해 보니, 국산과 중국산의 비율이 비슷한 것 같다고 이야기하면서 우리나라 물건이 많아서 다행이라며 활동을 진행했다.

각자 조사한 것을 가지고 모둠에서 그 결과를 정리하기 시작했다. 중국, 우리나라, 일본이 가장 많았기 때문에 이 세 나라는 기본으로 정리하고 나머지는 모둠별로 알아서 표시하도록 했다.

조사 결과를 표로 정리한 다음 이것을 비율로 표시했다. 비율로 표시하기 위해서 가장 먼저 분수(해당 국가의 물건 수/전체 물건 수)로 표시한 다음 백분율(%)로 정리했다. 분수를 소수로 바꿀 때 나누어 떨어

우리 반의 물건들은 어디에서 왔을까?

- **단원** : 비율그래프
- **학습 목표** : 조사한 결과를 비율그래프로 나타낼 수 있다.
- **디자인한 장면** : 학급 물건들의 원산지를 찾고 통계로 정리하는 장면
- **핵심 활동** : 학급 물건의 원산지를 비율그래프로 나타내기
- **활동 도구** : 학급에 있는 다양한 물건
- **활동 과정**

  ① 개인별로 물건의 원산지를 확인하고 정리하기

  ② 모둠에서 개인이 조사한 것을 모아서 모둠 자료로 정리하기

  ③ 비율을 분수와 백분율(%)로 나타내기

  ④ 비율을 비율그래프(띠그래프)로 나타내기

  ⑤ 모둠별로 정리한 내용을 발표하기

  ⑥ 모둠별 정리한 내용을 모아 우리 반 전체로 확장해 보기

내가 가진 물건의 원산지 찾기

모둠별 조사 결과 정리   모둠별 정리 결과

지지 않는 경우는 백분율을 자연수 단위까지 표시하도록 했다. 분수와 백분율로 표시한 뒤 비율그래프로 표현하여 한눈에 보기 쉽게 만들었다.

조사 결과 대부분은 중국산 또는 국산이었고, 일본산은 생각보다 많지 않았다. 그리고 사회 시간에는 러시아를 이웃 나라로 배웠는데 러시아산은 단 하나도 나오지 않았다. 학생들은 '러시아는 이웃 나라라고 하는데 왜 물건이 하나도 없어요?'라고 궁금해 했다. 러시아도 이웃이라면 러시아 물건도 볼 수 있으면 좋겠다는 의견도 있었다. 그래서 러시아와는 '나로호'와 '이소연 박사'를 예로 들며 과학 기술 교류가 많이 이루어지고 있다고 이야기하며 수업을 정리했다.

2. 생활 계획표 원그래프 만들기

비율그래프의 마지막 차시는 '원그래프'를 직접 그려보는 것이다. 원그래프는 조사 결과를 비율로 나타낼 때 가장 많이 쓰이는 그래프이지만, 원의 각도로 비율을 표시해야 하기 때문에 학생들이 그림으로 그릴 때는 조금 어려움을 느낄 수 있다. 그래서 어떻게 하면 학생들이 원그래프를 가장 쉽게 이해할 수 있을까를 고민하고 있었는데, 우리 반 학생 한 명이 방학 생활 계획표라는 좋은 아이디어를 내게 알려주었다. 그래서 그 아이디어를 직접 실천해 보기로 했다.

활동에 들어가기에 앞서 생활 계획표가 원그래프와 어떤 관계가 있느지에 대한 간단한 지침을 주었다.

> 하루는 24시간이니 전체가 24시간일 때 1시간은 전체의 1/24 이다.
> 그리고 원그래프는 전체가 360°이므로 1시간은 360°÷24=15°이다.

이렇게 해서 생활 계획표를 만들되, 분 단위로 계획을 짜면 상당히 복잡해지기 때문에 학생들이 계산을 좀 더 쉽게 하도록 편의상 시간 단위로 계획을 세우도록 했다.

학생들이 처음에는 생활 계획표와 원그래프의 관계를 잘 이해하지 못하는 눈치였지만 활동을 시작하자 초등 6년 동안 수많은 방학 생활 계획표를 만들어보았던 터라 쉽게 받아들였다.

일단 생활 계획을 세운 다음 그 계획을 비율로 나타냈다. 예를 들어 잠을 8시간을 잔다고 하면 그것은 전체의 약 33퍼센트 정도가 된다. 그래서 백분율(%)로 나타낼 때는 자연수 단위까지 어림하여 수가 복잡해지지 않도록 했다.

이렇게 비율로 표시한 다음 원그래프로 정리해 나가기 시작했다. 각도에 맞게 원그래프를 정리하는 것이 생각보다 복잡해서 학생들이 처음에는 많이 어려워했다. 그래서 먼저 마무리한 친구들이 어려워하는 친구들을 도와주어 활동을 마무리할 수 있게 했다.

수업이 끝나고 나서 학생들에게 수업이 어땠는지 물어보았는데 "우리가 평소에 쓰던 것이 다 수학 시간에 쓰이는 것이네요. 그것이 신기

생활 계획표 원그래프 만들기

- **단원** : 비율그래프
- **학습 목표** : 조사한 내용을 원그래프로 만들고 그것을 해석할 수 있다.
- **디자인한 장면** : 비율로 나타내고 그것을 원그래프로 정리하는 장면
- **핵심 활동** : 생활 계획표를 만들고 원그래프로 나타내기
- **활동 도구** : 생활 계획표 활동지
- **활동 과정**
  ① 생활 계획표를 시간대별로 작성하기
  ② 이것을 비율로 나타내기
  ③ 비율로 나타낸 것을 바탕으로 원그래프로 나타내기
  ④ 다른 친구들과 함께 이야기 나누기

학생이 알려준 수업 아이디어

생활 계획 세우기

생활 계획표를 원그래프로 만들기

생활 계획표 비율그래프

했어요"라고 대답했다. 수업을 통해 수학은 학생들과 멀리 동떨어진 과목이 아니라 항상 생활 속에서 함께하고 있는 과목이라는 것을 알게 된 것이 가장 큰 수확이었다.

BK's Recipe
03
___
사회
˚우리나라의 민주 정치

_____ 사회 시간은 학생들이 가장 '생소'하게 느끼는 시간이다. 나와 전혀 관계없는 장소(지리), 시간(역사), 사람(정치, 경제 등)들에 대해 이야기를 하는 과목이기 때문이다. 그래서 사회 시간에 학생들은 수업에 집중하지 못하고 내용을 흘려듣기 마련이다. 수업의 주제와 관련된 제반 상황을 모르는 상태에서는 아무리 이야기를 집중해 듣는다고 하더라도 한 번에 그것을 받아들이기 어렵기 때문일 것이다.

나는 사회 시간에 도달해야 할 개념을 최대한 교실 상황에 비주어 대입해 보려고 노력하고 있다. 사회는 셋 이상의 사람들이 모여서 만들어지는 하나의 공동체이다. 그러므로 교실도 하나의 사회적 공동체로 볼 수 있다. 사회 시간에 학생들이 배워야 하는 모든 내용은 실제로 교실에서 벌어지는 일들이기도 하다. 예를 들어, 나라에서 대통령을 뽑는 것처럼 교실에서는 학급 어린이 회장을 뽑는다. 또한 학생들도 물건을 사고파는 등의 경제 활동을 하고 있다. 교실에서 일어나는 수많은 상황을 과목의 학습 목표와 연결해 보면 학생들이 더욱 자신 있고 적극적으로 수업에 참여하는 것을 볼 수 있다.

:: 수업의 재구성

1. 단원명

우리나라의 민주 정치

2. 학습 목표

'정치'라고 하면 사람들은 자신들의 삶과 거리가 먼 단어라고 생각하고 거부감부터 갖는 경우가 많다. 하지만 정치는 어떠한 사안에 대한 규칙을 만드는 과정 자체를 말한다. 그러므로 세상의 모든 대화는 큰 범주의 정치에 포함된다. 이 단원을 통해 어떤 사안에 대해 자신의 목소리를 내는 것이 얼마나 중요한지를 이해하고, 모두가 함께 행복한 사회를 만들기 위해 노력하는 삶을 체험해 보도록 수업을 구상했다.

3. 단원의 재구성

차시	학습 목표	주요 내용 및 활동
1~2	정치가 무엇인지 알고 정치의 사례를 말할 수 있다.	• 정치의 정의를 이해하고, 가정-학교-사회에서 정치의 사례를 이야기해 보기
3~4	헌법의 목표를 이해할 수 있다.	• 우리 반 헌법 만들어보기
5~6	국회, 정부, 법원이 하는 일을 알 수 있다.	• 모의 국회-정부 체험하기 • 모의 법정 체험하기
7~8	국민의 권리와 의무를 이해할 수 있다.	• 하고 싶은 것과 해야 할 일 정리하기
9~11	인권의 뜻과 필요성을 이해할 수 있다.	• 모든 것을 돈으로 사는 나라 체험하기 • 원형 모형으로 인권의 개념 정리하기

:: 수업 사례

1. 우리 반 헌법 만들기

"우리나라의 헌법은 어떤 의미를 갖고 있을까?"라는 질문을 해보면 실제로 많은 학생들이 헌법과 법의 차이를 잘 구별하지 못한다. 그래서 단순하게 "헌법을 만들자"라고 하면 '교실에서 떠들지 말자', '친구들과 사이좋게 지내자' 등 학급 규칙을 세우는 경우를 많이 볼 수 있

헌법의 요소

다. 하지만 이런 내용들은 법에 포함되어야 하는 내용이지 헌법에 포함되어야 하는 내용이라고 할 수 없다. 왜냐하면 헌법은 규칙을 정하기에 앞서 우리나라 사람들이 가져야 하는 '가치'에 대한 이야기이기 때문이다.

헌법은 우리나라의 법을 만드는 원칙을 기록한 것이다. 우리나라의 법은 만 개가 넘기 때문에 전문 법조인들도 모두 알지 못하는 경우가 많지만, 헌법의 조항은 130개 정도로 비교적 간소하다. 법은 국회에서 제정하고 수정하고 폐기할 수 있지만, 헌법은 국민 투표로 만들어지기 때문에 현행 헌법은 1987년에 개정되어 1988년부터 시행된 이후로 수정된 적이 없다.

이런 내용을 학생들과 어떻게 이야기를 나눌지 고민하다가 우리 반의 '헌법'을 한번 만들어보면 좋겠다는 생각이 들었다. 우리 반의 법을 만들면 지켜야 할 규칙이 하나 더 늘어나는 것이지만, 우리 반의 헌법을 만드는 것은 우리가 가져야 할 가치가 무엇인가를 생각해 보는 좋은 계기가 될 것 같았다.

학생들이 헌법을 잘 만들기 위해서 가장 먼저 헌법의 조항에는 어

우리 반 헌법 만들기

- **단원** : 우리나라의 민주 정치
- **학습 목표** : 헌법의 목표를 이해할 수 있다.
- **디자인한 장면** : 헌법의 여러 요소를 자신의 삶과 비교해 보는 장면
- **핵심 활동** : 헌법의 요소를 활용해 학급 헌법을 만들기
- **활동 도구** : 헌법이 정리된 활동지, 포스트잇
- **활동 과정**
  ① 헌법의 의미와 원리 이해하기
  ② 우리 반에 꼭 필요한 원칙 적어보기
  ③ 기본 원칙이 헌법의 어느 영역에 포함되는지 확인하기
  ④ 문장으로 정리하기
  ⑤ 우리 반 헌법으로 일반화하기

우리 반의 가치 생각해 보기

헌법의 요소와 비교하기

만든 헌법 칠판에 붙이기

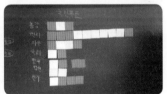
헌법의 항목에 맞게 유목화

6학년 1반 헌법

1. 총강
① 우리 반의 주도권은 학생에게 있고 모든 권력은 학생으로부터 나온다.
② 우리 반에는 학생과 선생님이 있다.
③ 우리 반은 월, 화, 목, 금은 6교시, 수요일은 5교시 수업을 한다.

2. 학생의 권리
④ 모든 친구들은 쉴 수 있다.
⑤ 모든 학생들의 투표권은 1표이다.
⑥ 모든 학생들은 수업을 들을 권리가 있다.
⑦ 모든 학생은 학생으로서의 존엄과 가치를 가지며 행복을 추구할 권리를 가진다.
⑧ 모든 학생은 법 앞에 평등하다.
⑨ 모든 학생은 공부를 할 수 있다.

3. 학생의 의무
⑩ 숙제는 꼭 해야 한다.   ⑪ 수업 시간은 꼭 지킨다.
⑫ 수업 시간에는 공부를 열심히 한다.

4. 국회
⑬ 학급 회의에서 규칙을 정할 수 있다.

5. 정부
⑭ 학급에는 반장과 부반장이 있다.
⑮ 스마트 부장, 음악 부장, 체육 부장이 있다.

6. 법원
⑯ 숙제 확인과 잘못에 대한 확인은 선생님이 한다.

7. 선거
⑰ 반장과 부반장은 투표로 뽑는다.   ⑱ 투표는 비밀투표로 한다.

떤 것들이 있는지 알려주었다. 우리나라 헌법은 총 10장으로 구성되어 있는데, 이것을 마인드맵으로 보여주면서 헌법에 대한 기본 포인트를 짚어주었다.

우리나라 헌법의 구성 요소를 바탕으로 우리 반의 헌법을 제정하기로 했다. 가장 먼저 우리 반이 가져야 할 기본적인 원칙으로는 무엇이 있을지 각자 생각하고 적어보도록 했다. 학생들은 가치 있는 것을 찾는다는 생각에 무척 집중하며 참여했다.

'행복', '참여', '즐거움' 등의 단어를 우리 반 학생들이 가져야 할 기본 원칙이라고 생각했다. 그리고 질서와 관련된 내용도 많이 찾을 수 있었다. 그런데 재미있었던 점은 성적, 집중 등 공부에 대한 단어는 학생들이 그다지 생각하고 있지 않았다는 점이었다.

학생들이 헌법을 처음부터 만드는 것은 쉽지 않은 일이다. 그렇기 때문에 기존에 제정된 우리나라의 헌법을 바탕으로 제대로 된 문장을 만들어보는 것이 좋을 것 같았다. 우리 반 친구들이 가져야 할 가치를 찾은 다음 그것이 헌법의 어디에 포함되는지를 찾고, 헌법에 있는 문장과 비슷한 문장으로 바꾸어보도록 했다.

포스트잇에 작성한 헌법들을 칠판에 붙이면서 한데 모아보았다. 학생들이 각자 생각한 원칙들이 헌법의 어디에 포함되는지를 생각하며 붙여나갔다. 이 활동을 하면서 한 가지 특징을 알 수 있었는데 그것은 '권리와 의무' 항목에 포스트잇이 집중되어 있다는 것이다. 평소에 학생들이 자신이 가져야 하는 권리와 지켜야 하는 의무에 대해 많은 관심을 가지고 있다는 점이 드러난 셈이다.

학생들이 스스로 우리 반의 헌법을 만드는 것을 보며 학생들이 직접 가치를 느끼고 실천하는 것이 얼마나 멋진 일인가를 다시 한 번 생각할 수 있었다. 이 수업을 통해 학생들은 자신의 가치를 교실 전체에 담아낼 수 있었다.

2. 인간의 조건 : 인권 바로 알기

인권이란 '사람이 마땅히 누려야 하는 기본적인 자유와 권리'를 말한다. 그래서 인권 수업은 모든 사람이 누려야 할 보편적 가치에 대한 수업이지만 흔히 인권이라는 말을 들으면 '사회적 배려 대상자'에 대한 이미지를 떠올린다. 그래서 인권 수업이 방향을 잘못 잡으면 '사회적 배려 대상자를 도와주자'라는 결론으로 끝나기 쉽다. 이렇게 시혜적 사고로 끝내는 수업은 좋은 수업이라고 보기 어렵다. 그래서 학생들이 인권에 대해 진지하게 고민하기 위해서는 학생들이 직접 인권의 본질적 의미를 체험해 보는 수업이 좋겠다는 생각이 들었다.

가장 먼저 모둠별로 뽑기를 해서 돈을 50만 원부터 10만 원씩 차등 지급하였다. 이때 지급한 돈은 부루마블 화폐를 사용했다. 이 돈으로 우리가 지금 공짜로 누리고 있는 당연한 권리들을 값을 매겨서 사도록 했다.

수업 시간에 교실에서 공부를 할 수 있는 권리, 의자와 책상을 사용

할 수 있는 권리, 질문할 수 있는 권리, 화장실을 사용할 수 있는 권리, 친구들과 대화할 수 있는 권리 등 평소에 당연하게 여겼던 것들을 돈으로 산다고 하니 학생들의 눈이 갑자기 휘둥그레졌다. '우리 선생님이 무엇을 잘못 먹었나?' 하는 표정으로 나를 보는 학생들에게 권리에 값을 매긴 '권리 가격표'대로 오늘 하루 진행할 것이므로 진지하게 활동해 줄 것을 이야기했다.

50만 원을 획득한 모둠은 모든 권리를 사도 돈이 남지만, 20만 원을 획득한 모둠은 몇 가지만 사면 돈이 부족하게 가격표를 짰다. 그래서 20만 원을 받은 학생들은 이 표를 받자마자 "선생님, 이걸로 어떻게 살아요?"라며 따시듯 말했나.

나는 이 지점에서 학생들에게 꼭 필요하다고 생각하는 것이 우리 반 학생들의 가장 기본적인 인권이라고 생각했다. 그래서 이런 반응이 나

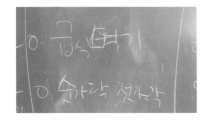

왔을 때 "정말 이것만큼은 돈을 내고 싶지 않은 것이 있다면 모둠별로 두 가지는 없애주겠다"라고 이야기했다. 이 이야기를 들자 학생들은 진지하게 필요한 것과 필요하지 않은 것을 찾기 시작했다. 단, 50만 원을 받은 모둠이 이 활동에 집중하지 않는 것이 흥미로웠다. 돈이 사람을 여유 있게 만든다는 생각이 들 정도였다. 10분이 지난 후 모둠별로 학생들이 칠판에 꼭 필요한 것을 적어보았는데, 대부분의 학생들이 화장실 사용, 급식 먹기 등 기본 요소인 '의식주'만큼은 제공되면 좋겠다고 했다.

이렇게 정리한 이후 인권에 대해 본격적으로 이야기를 시작했다. 인권이 있다는 것은 무엇을 의미하는지 학생들과 이야기하기 위해서 다음 10개의 단어가 인권과 관련이 있는지 생각해 보도록 했다.

자유, 행복, 나의 것, 모두, 돈, 헌법, 능력, 정치, 강제, 차별

학생들은 '자유, 행복, 나의 것, 모두'라는 단어는 인권과 관련이 있다고 했다. '강제와 차별'은 인권과 관련이 없다고 이야기했다. 그런데 '돈과 헌법, 능력, 정치'에 대해서는 학생들의 의견이 갈렸다. 그래서 이 네 가지가 인권과 관련이 있는지를 조금 더 깊게 이야기하기 시작

인간의 조건 : 인권 바로 알기

- **단원** : 우리나라의 민주 정치
- **학습 목표** : 인권의 개념을 알고, 인권이 있는 삶이란 무엇인지 생각해 보기
- **디자인한 장면** : 인권이 없는 상황에서 학생들 각자가 상황에 따라 행동하기
- **핵심 활동** : 인권을 돈으로 사고팔아보면서 인권의 가치 느껴보기
- **활동 도구** : 부루마블 화폐
- **활동 과정**
  ① 인권의 정의를 학생들에게 알려주기
  ② 뽑기를 하여 모둠별로 차등 금액 지급(1위 팀 50만 원부터 10만 원씩 차등 지급)
  ③ 학생들에게 '권리 가격표' 제시하기
  ④ 지급한 돈으로 어떻게 교실에서 생활할 것인지 모둠별로 토의
  ⑤ 이것만큼은 돈으로 사지 않았으면 좋겠다는 항목 선정
  ⑥ 인권이 없는 삶이란 어떤 삶인지 생각해 보기
  ⑦ 인권이 사회에서 필요한 까닭 이야기하기

50만 원 획득 모둠

인간의 조건

인권과 관련 있는지 모둠 토의하기

칠판에 정리하기

했다.

먼저 인권과 관련이 있다는 네 단어를 가지고 인권에 대해 모둠별로 정의해 보도록 했다. 학생들은 인권을 다음과 같이 정리했다.

- **인권이 있다는 것**
  - 모두에게 자유와 행복을 주는 것
  - 모두가 자유와 행복을 누릴 수 있는 것
  - 모두가 마음껏 자유를 누리며 행복할 수 있는 것

- **인권이 없다는 것**
  - 하고 싶지 않은 일을 해야 하고 차별받는 것
  - 누군가에 의해 강제적으로 차별받는 것
  - 행복과 자유를 강제로 빼앗기는 것

정의한 내용을 바탕으로 '돈, 헌법, 능력, 정치'가 인권과 관련이 있는지 없는지를 판단해 보도록 했다. 이외에도 '돈이나 능력이 많고 적음이 인권과 상관이 있는가?', '헌법과 정치는 인권과 관련이 있는가?'를 물어보았다. 학생들은 처음에는 돈이 많으면 많은 것을 누릴 수 있으므로 인권과 관련이 있다고 이야기하다가 점점 차별에 대한 논의를 시작하면서 돈은 인권과 관련이 없다는 결론을 내렸다. 그리고 다음과 같이 네 단어를 분류했다.

항목	인권 관련 여부	이유
돈	관련 없음	돈이 많고 적음이 인권 존중 여부를 결정하지는 않는다.
능력	관련 없음	능력이 있고 없고가 인권 존중 여부를 결정하지는 않는다.
헌법	관련 있음	헌법은 모두에게 평등한 인권을 지켜주기 위해 존재한다.
정치	관련 있음	정치는 누구나 참여할 수 있고, 정치를 통해 사람들은 행복할 수 있어야 한다.

　이런 훌륭한 결론을 내린 학생들에게 나는 다음의 말로 수업을 마무리했다. "'정치가' 같다는 말은 흔히 나쁘게 쓰일 때가 있습니다. 하지만 정치는 모든 사람들이 행복하기 위해 꼭 필요한 과정이므로 우리 모두가 정치를 즐거운 마음으로 보아주면 좋겠습니다. 그러니 우리 모두 정치적인 사람이 되어봅시다."

BK's Recipe
04
—
과학
식물의 구조와 기능

    ____ 과학을 지도하다 보면 정해진 방식대로 실험을 진행했음에도 불구하고, 원하는 결과를 만들어내지 못할 때가 있다. 이런 상황은 과학적 원리를 이해하지 못하고, 무조건 선생님이 시키는 대로만 따라하기 때문에 발생한다.

  과학 교과는 본질적으로 눈에 보이는 현상에 대한 원인을 파악하는 교과이다. 하늘에서 눈이 내리는 상황일 때 수학 교과는 그 눈이 오는 정도(결과)에 집중하는 반면, 과학 교과는 눈이 내리는 까닭이 무엇인지를 분석한다. 그러므로 과학 교과를 진행하면서 과학적 탐구력을 길러주기 위해서는 결과에 집중하는 것이 아니라, 그 활동의 진행 과정 자체에 집중할 필요가 있다. 진행 과정에 집중함으로써 세상의 모든 현상은 과학과 관련이 있다는 것을 느낄 수 있어야 한다. 그것을 느끼는 과정에서 학생들은 세상에 대한 호기심이 점점 높아질 것이다.

나는 과학 수업을 진행할 때 우리 주변의 현상을 관찰하는 것부터 시작한다. 평소에 너무 익숙해서 잘 보지 못했던 것들이 신비롭다고 느껴진다면 학생들은 과학을 그저 시키는 대로 따라하는 것이 아니라, 스스로 원리를 찾아가는 과목으로 받아들이게 된다. 우리 학교 주변에 있는 나무들의 특징을 살펴본다든지, 비가 오는 날 빗물의 산도를 실제로 측정해 보는 등 우리 주변의 궁금증을 하나씩 해결해 가다 보면 어느새 학생들 모두가 호기심으로 충만해지는 변화를 느낄 수 있다.

:: 수업의 재구성

1. 단원명

식물의 구조와 기능

2. 학습 목표

식물을 자세하게 관찰하기 위해 가장 필요한 것은 식물에 대한 '관심'이다. 식물을 사랑하는 마음과 관심이 있어야 식물들이 어떻게 살아가고 있는지 제대로 관찰할 수 있다. 그래서 우리 지역을 하나의 큰 식물원이라고 생각하고 지역의 식물들을 관찰해 보는 수업을 구상했다.

3. 단원의 재구성

차시	학습 목표	주요 내용 및 활동
1~2	식물을 보고 특징을 추측할 수 있다.	우리 마을 식물 지도 만들기
3	뿌리의 구조와 하는 일을 알 수 있다.	우리 지역 식물의 뿌리 관찰하기
4	줄기와 잎의 겉모양, 하는 일을 알 수 있다.	우리 지역 식물의 줄기와 잎 관찰하기
5	꽃의 구조와 하는 일을 알 수 있다.	꽃의 구조 관찰하기
6~7	식물도감을 만들 수 있다.	함백산 야생화 도감 만들기
8~9	식물도감을 활용해 식물을 찾을 수 있다.	함백산 야생화 보물찾기

∷ 수업 사례

1. 우리 마을 식물 지도 만들기

식물을 자세하게 관찰하기 위해 가장 필요한 것은 식물에 대해 관심을 갖는 것이다. 그래서 우리 마을에는 어떤 식물들이 있는지 직접 찾아보는 수업을 구상했다.

이때 단순하게 어떤 식물이 있는지 관찰하는 데 그치지 않고, 관

우리 마을 식물 지도 만들기

- **단원** : 식물의 구조와 기능
- **학습 목표** : 식물을 관찰하고 그 식물의 생태를 추측할 수 있다.
- **디자인한 장면** : 학교 주변의 다양한 식물을 관찰하고 조사하는 장면
- **핵심 활동** : 학교 주변의 식물을 관찰하고 식물 지도로 만들어보기
- **활동 도구** : 스마트패드
- **활동 과정**

  ① 식물의 생김새에 따른 분류 방법 살펴보기

  ② 우리 마을의 식물을 살펴보고, 식물 사진 촬영하기

  ③ 식물의 특징을 관찰하고, 뿌리의 모양 추측하기

  ④ 우리 마을 지도에 식물을 표시하고, 관찰한 내용 정리하기

식물 분류 방법 살펴보기

식물 관찰 후 촬영하기

우리 마을 식물 지도 만들기

완성된 우리 마을 식물 지도

찰한 결과를 하나로 모으기 위해서 '커뮤니티 맵핑(Community Mapping)' 활동 기법을 활용했다. 커뮤니티 맵핑이란 구성원들이 함께 특정 주제에 대한 정보를 현장에서 수집하고 이를 지도로 만들어 공유하는 과정을 말한다. 이 기법을 활용해서 학생들과 우리 마을 식물 지도를 함께 만들어보기로 하였다.

수업을 시작하기에 앞서 가장 먼저 식물의 모양에 따른 분류 방법을 알려주었다. 식물의 잎 모양에 따른 분류, 뿌리의 종류, 풀과 나무, 나이테 등 일반적으로 식물을 분류하는 기준을 전체적으로 짚어주었다. 그리고 이것을 활용해 직접 식물을 관찰하고 학생들이 정한 기준에 따라 식물을 분류하는 활동을 해보자고 이야기했다.

사전 설명이 끝난 후 본격적으로 수업을 진행했다. 모둠별로 관찰 구역을 정해 주고, 직접 학교 주변을 돌면서 식물을 관찰하고 카메라로 촬영하도록 하였다. 학생들은 학교 밖으로 나가는 것 자체를 무척이나 즐거워했고, 그래서 더욱 열심히 활동에 몰입했다.

한 시간여가 지나고 나서 마을을 한 바퀴 돌고 난 학생들은 교실로 다시 모였다. 그리고 촬영한 식물 사진을 교실에서 출력했다. 출력한 사진은 모둠별 활동지에 직접 식물을 분류하는 데 활용했다. 그리고 마지막으로 이 식물이 있는 위치를 우리 마을 식물 지도에 표시하고 표시한 내용을 함께 이야기하며 수업을 마무리했다.

수업이 끝나고 학생들에게 이 활동이 어땠느냐고 물어보았다. 학생들의 대답이 무척이나 다양했다. 가장 먼저 나온 대답은 우리 마을

의 식물들이 생각보다 종류가 많아서 놀라웠다는 것이었다. 전에 대충 보고 지나다닐 때는 식물들이 모두 같은 모양이라고 생각했었는데, 자세히 보니 비슷하지만 다른 점이 분명하게 있다고 이야기했다. 그다음은 구역별로 비슷한 식물이 많다는 대답이었다. 어떤 지역에는 소나무가 많고, 어떤 지역에는 개나리가 많았는데 우리 동네만 돌아보았는데도 구역별로 다른 식물들을 볼 수 있다는 점이 신기했다고 말했다.

이런 대답들을 들으면서 학생들이 식물에 대한 관심이 높아지고 식물을 자세히 관찰할 때의 즐거움을 알게 되었다는 점에서 수업의 보람을 느낄 수 있었다.

2. 함백산 숲 속의 보물찾기

4월의 어느 날 우리 학교 5, 6학년 학생들과 함께 강원도 정선에 있는 함백산으로 현장 체험 학습을 떠나기로 했다. 어떻게 하면 조금이라도 많은 것을 느낄 수 있을까 고민을 하다가 야생화 단지에서 보물찾기를 하

면 재미있을 것 같다는 생각이 들었다. 그래서 현장 학습을 떠나기 전 주말에 우리 반 인터넷 커뮤니티에 함백산으로 보물을 찾으러 떠난다는 글을 올렸다. 그러자 학생들은 생각지도 않았던 여행 계획에 무척

흥분했고, 즐거워했다.

함백산으로 보물을 찾으러 떠나기 위해 학생들과 준비를 시작했다. 함백산은 야생화 단지가 매우 유명해서 매년 수많은 사람들이 야생화를 보러 오는 곳이다. 그래서 내일 만나게 될 야생화를 미리 인터넷으로 조사해서 야생화 도감을 만들고, 그 도감에 있는 꽃들을 야생화 단지에서 실제로 찾아서 비교해 보는 것으로 수업을 구상했다.

인터넷으로 조사를 할 때 학생들에게 '함백산 야생화'라는 키워드를 미리 제공해 주었다. 단순히 야생화를 조사하라고 하면 함백산에 있는 야생화가 아닌 다른 지역의 야생화를 찾을 수도 있고, 그렇게 되면 애써 조사한 내용이 물거품이 될 수도 있기 때문이었다. 키워드를 제공하니 학생들은 '함백산 야생화' 사이트를 어렵지 않게 찾아내었다. 그래서 그 사이트를 활용해 야생화 사진을 출력하고 책으로 엮어 야생화 도감을 만들었다.

다음 날 학생들과 함께 함백산으로 출발했다. 함백산의 야생화 단지인 만항재는 해발 1,330m의 높이를 자랑한다. 그래서 원래 고원지대인 태백에 살고 있지만 만항재까지는 마치 하늘 위로 올라가는 것처럼 버스를 타고 끝없이 산을 올라가야 했다. 학생들과 함께 직접 야생화를 찾는다는 설레는 마음으로 올라갔는데 차츰 이상한 느낌이 들기 시작했다. 산 위로 올라갈수록 풀들이 점점 보이지 않고, 겨울 느낌이

함백산 숲 속의 보물찾기

- **단원** : 식물의 구조와 기능
- **학습 목표** : 식물도감을 만들고, 식물도감을 활용해 식물을 찾을 수 있다.
- **디자인한 장면** : 식물도감을 갖고 직접 식물을 찾아보는 장면
- **핵심 활동** : 함백산 식물도감을 만들어 직접 찾아보고 비교해 보기
- **활동 도구** : 스마트패드
- **활동 과정**

  ① 식물도감의 역할과 내용 이야기하기

  ② 함백산 야생화 사이트를 활용해 야생화 도감 만들기

  ③ 함백산에서 직접 야생화 도감을 활용해 야생화 찾아보기

  ④ 찾은 내용 기록하고 정리하기

인터넷을 활용한 야생화 조사

학생들이 만든 야생화 도감

야생화 보물찾기

함백산에서 찾은 야생화

황량한 야생화 단지

물씬 풍겼기 때문이었다.

나중에 알게 된 이야기지만, 함백산의 야생화 축제는 고원지대이기 때문에 다른 지역보다 훨씬 늦은 7월~8월에 열린다고 한다. 그런데 우리는 4월 중순에 현장학습을 갔기 때문에 야생화가 개화하기에는 너무 이른 시기였다.

야생화 단지에 도착한 학생들과 나는 황량한 벌판을 보며 당황했다. 내 예상과는 너무나도 다른 주변 환경을 보면서 수업을 어떻게 진행해야 할지 난감해졌다.

함백산 야생화 단지 안내 팻말을 발견하고 임시방편으로 학생들에게 야생화 팻말에 안내되어 있는 야생화 사진과 학생들의 야생화 도감에 일치하는 야생화가 있으면 그것으로 인정해 주겠다고 이야기를 했다. 그러자 학생들은 팻말의 사진과 자신들이 만들어 온 야생화 도감을 맞추어보며 활동을 진행했다.

하지만 노력은 결코 헛되지 않았음을 얼마 지나지 않아 알 수 있었다. 몇몇 학생들이 단지 안으로 들어가더니, 갑자기 흥분된 목소리로 소리를 지르기 시작했다.

"선생님, 여기 야생화 있어요!"

기적 같은 일이 벌어졌다. 야생화 중에서 작은 꽃들이 막 피기 시작한 것이었다. 학생들이 조사한 꽃이 실제로 야생화 단지에 있었다. 학생들과 함께 야생화 도감을 참고하며 차분하게 야생화를 찾아보았더니 대충 보면 보이지 않을 정도로 작은 꽃들이, 마치 숨겨진 보물처럼 하나둘씩 고개를 들었다. 아름다운 꽃들이 만개한 모습을 보며 학생들은 흥분한 상태로 한 시간여를 뛰어다녔고, 이런 모습을 보는 나도 큰 보람과 감동을 느꼈다.

이 수업은 나에게 큰 전환점을 되었다. 다양하고 화려한 수업만을 찾아서 '내가 잘난 것을 증명하기 위한' 수업이 아닌 실제로 학생들에게 보람을 주는 수업이 무엇인지에 대한 깨달음을 준 수업이었기 때문이다. 학생들에게 배움을 직접 실천할 수 있는 기회를 제공할 때 학생들은 배움에 대한 의미를 마음속에 새길 수 있다. 그리고 이것이 잘 어우러진 수업은 학생들뿐만 아니라 나의 성장에도 큰 밑거름이 된다는 것을 알게 되었다.

BK선생님께 물어보는 **수업** Q&A

Q

활동 위주의 수업이 옆 교실 수업에 방해가 되지 않을까요?

A

한여름에 교실 문과 창문을 모두 열어두지 않는 이상, 절대로 옆 반에 우리 반의 활동 소리가 들릴 일은 거의 없습니다. 요즘 학교는 방음이 참 잘 되더군요. 저도 몇 년째 하고 있지만 일부러 소리를 지르지 않는 한, 옆 반에 방해가 되지는 않습니다. 수업할 때 선생님의 목소리가 옆 반에 잘 들리지 않는 것처럼 말입니다.

다만 한여름에 문을 모두 열어둘 때는 문제가 되기도 합니다. 이럴 때는 학생들에게 알아서 적당한 볼륨을 조절할 수 있도록 요청할 필요가 있습니다. 학생들의 자발적인 노력이 필요합니다.

Q

활동 후 학습 정리는 어떻게 하는 것이 좋을까요?

A

학생들의 배움 중심 수업에서 학습 정리는 반드시 필요합니다. 학생 스스로 활동을 구성하고 진행하기 때문에 배움의 방향이나 진행 정도가 각자 다르기 때문입니다. 하지만 학습 목표가 명확하게 제시된 활동인 경우, 학생들의 배움은 일정한 방향으로 흐르기 마련입니다. 이런 경우, 학생들의 공통적인 배움의 영역을 짚어주면서 본인이 체험한 활동이 어떤 의미가 있는지를 깨닫게 해주는 것이 중요합니다.

학생들은 새로운 활동을 할 때는 신기해 하고 재미있어 하지만 그것에 대한 의미를 느끼지 못한다면 점점 흥미를 잃어가게 됩니다. 그러므로 반드시 학생들의 활동이 어떤 의미가 있는지를 교사가 짚어주면서 활동을 지식과 연결시켜주어야 합니다. 이것은 학생 스스로도 할 수 있지만, 학생들은 주로 교사의 안내에 따른 활동을 하기 마련이므로, 교사가 직접 정리해 주는 것도 좋은 방법이라고 생각합니다.

Q
내가 디자인한 수업을 보편적이지 않다고 생각하는 분들에게 어떻게 설득하면 좋을까요?

A
개인적으로 학급은 하나의 독립된 사회라고 보기 때문에 다른 사람에게 우리 반 교실의 수업을 설득해야 할 필요는 없다고 생각합니다. 내가 구성한 수업 방식이 나의 영달을 목적으로 한 것이 아니라 우리 반 학생들의 성장을 위한 것이라는 확신만 있다면 그 방식이 어떤 방식이 되었든 다른 사람에게 이해를 구할 일은 아니라고 생각합니다.

수업이 보편성을 갖고 있어야 한다는 것은 맞습니다. 왜냐하면 국가 수준 교육과정은 우리나라 학생들이라면 누구나 알고 있어야 하는 보편적인 가치를 정해 놓은 것이기 때문입니다. 하지만 그것을 해석하는 과정은 교실마다 다를 수밖에 없습니다. 옆 반 교실과 같은 방식으로 같은 내용을 수업하는 교실은 학생들의 개성을 존중해 주는 교실이 될 수 없습니다. 그러므로 핵심적인 가치는 보편성을 갖되 수업의 방향은 교사와 학생들이 함께 정해 가는 것이 바람직하다고 생각합니다. 학생들이 스스로 교실의 방향을 정하며 함께 항해하는 수업이 이상적인 수업이 아닐까 합니다.

Q

동료 교사와의 견해 차이로 다른 선생님들의 동의를 얻기 어려울 때는 어떻게 할까요?

A

동료 교사와 견해 차이로 동의를 얻기 어렵다는 것은 우리 반 교실이 아니라 다른 반 교실도 참여형 수업을 하도록 설득하는 과정에서 발생하는 것입니다. 앞의 문항에서 제시했듯이 교실은 각자 교실의 색을 갖고 있는 것이 좋다고 생각합니다. 다른 선생님들이 우리 반 교실을 이래라저래라 할 수 없는 것처럼, 저 또한 옆 반 교실의 방향을 이래라저래라 할 수 없습니다. 우리 반 교실의 모습을 보고 옆 반 선생님께서 어떤 과정을 겪는지 물어본다면 자세히 설명해 줄 수는 있겠지만, 다른 교실에 우리 반 교실의 가치를 주입하는 것은 결코 바람직하지 않다고 생각합니다.

제가 할 수 있는 가장 좋은 것은 우리 반 학생들의 몰입과 열정을 일 년 내내 유지하는 것이 아닐까 생각합니다.

Q

참여형 수업을 진행할 때, 관리자 분들이 생각하기에 교사가 수업 시간에 쉬고 있다는 느낌이 들지 않을까요?

A

참여형 수업을 유지하기 위해 가장 중요한 것은 '학생'들이 생각하기에 교사가 쉬거나 다른 목적으로 학생들을 방치한다는 느낌이 들지 않게끔 하는 것입니다. 학생들은 무언가 활동을 하고 있는데 교사는 컴퓨터 앞에 앉아서 다른 일을 하고 있는 상황이 지속되는 교실에서는 참여형 수업이 유지되기 어렵습니다.

직접 학생들을 지도하지 않더라도 계속적으로 학생들의 옆을 지켜주고 있어야 학생들도 마음 편하게 활동에 몰입할 수 있습니다. 이렇게 옆에서 지켜주는 모습을 보이는데 관리자 분들이 참여형 수업을 진행하는 교사라고 해서 쉬는 교사라고 생각할 수는 없습니다. 말만 안 할 뿐이지 훨씬 바쁘고 몰입하는 교사라고 생각해 줄 것입니다.

Q
학부모들은 학생 참여형 수업을 어떻게 생각하나요?

A
제가 아는 한 적어도 우리 반 학부모들은 모두 만족하고 있습니다. 수업 내용을 블로그에 올리고 그 내용을 학급 SNS에 올리고 있는데 이를 본 학부모들은 모두 긍정적인 피드백을 해주시고 있습니다. 그리고 교원평가를 보면 학생 참여형 수업에 대한 좋은 말씀을 많이 해주십니다. 학부모 만족도 또한 다른 학급에 비해 높은 편입니다.

가장 인상 깊었던 것은 '아이들이 몰입하는 모습을 보면 사진을 보기만 해도 행복한 목소리가 들리는 것 같습니다'라는 댓글이었습니다. 학생들이 수업 시간을 즐거워하는 것, 그것 하나만으로도 학부모님들은 학생 참여형 수업에 대해 정말 큰 관심을 보이며 격려를 해주고 있습니다. 그러니 적어도 학부모님들에 대한 걱정은 크게 하지 않으셔도 될 것 같습니다.

Q

성적이 우수한 학생과 그 학부모는 참여형 수업이 큰 의미가 없을 수도 있다는 생각을 할 수 있지 않을까요?

A

성적이 우수한 학생 중 참여형으로 수업을 진행할 때 어려움을 느끼는 학생이 분명히 있었습니다. 그리고 그 학부모도 초반에 상담을 할 때 그 학생이 조금 어려워한다고 솔직하게 말해 주었습니다. 그래서 이 학생과 상담할 때, 중요한 것은 내가 알고 있는 것을 다른 사람들에게 공감 받는 것이라고 이야기해 주었습니다. 나 혼자만 알고 있는 지식은 묻혀버리는 지식이지만 다른 사람들에게 공감을 받는다면 그 지식이 생명을 얻을 수 있다는 이야기도 해주었습니다.

실제로 수많은 아이디어가 세상에 태어나지만 공감을 받은 아이디어만이 생명을 얻게 됩니다. 학생의 지식도 마찬가지입니다. 그래서 그 점을 명확하게 해주면서 꾸준하게 수업 시간에 소통할 수 있도록 협조를 부탁드렸습니다. 처음에는 의미 없어 하고 어려워했지만 적응하고 나서는 가장 먼저 다른 친구들을 돕는 멋진 학생이 되어가는 모습을 보면서 뿌듯함을 많이 느낄 수 있었습니다. 그리고 이제는 그 학부모님이 제 수업의 열렬한 지지자가 되어주셨습니다. 서로 슬겁게 수업을 구상할 수 있는 힘을 얻게 되었습니다.

싱싱한 가르침과 생생한 배움이
살아 숨쉬는 맛있는 수업 노하우!

Part 5
프로젝트 수업
들여다보기

수업은 여행이다.
선생님과 학생들이 서로 관계를 맺고 함께 성장하는 여행이다.
1년간의 긴 여정을 오늘도 함께 한 발 한 발 걸어가고 있다.
이 길의 끝에는 행복이라는 달콤한 열매가 우리를 기다리고 있을 것이다.

BK's Recipe
01
—
학급신문 만들기
프로젝트

_____ 5학년 국어 2단원은 신문 만들기 단원이었다
(현재는 교육과정 개정으로 이 단원이 사라졌다). 이 단원은 실제로 있었던
일이나 사전에 조사한 내용을 신문으로 구성하는 단원이었다. 신문을
만들기 위해 교과서에서 제시한 주제는 '이순신 장군에 대한 기사문
만들기', '3·1 운동 신문 만들기' 등이었다. 그런데 이 주제로 신문 기
사를 만들기 위해서는 학생들이 역사에 대한 배경 지식이 있어야 하
기 때문에 신문을 구성하는 방법을 배우는 국어 시간에는 맞지 않다
고 생각했다. 또한 역사와 관련된 주제는 학생들이 공감하지 못할 것
같았고, 신문을 구성하는 내용 자체를 교사가 지도해야 하는 부작용
이 생길 수도 있다고 생각했다.

학생들이 공감할 수 있는 신문을 만들기 위해서는 실제로 겪은 일과 사전에 조사한 내용을 신문 기사로 만드는 것이 가장 좋다고 판단했다. 그래서 한 달 동안 겪은 일 중 가장 인상 깊었던 일과 전교생을 대상으로 가장 조사해 보고 싶은 주제를 신문 기사로 만들어보는 '우리 반 신문 만들기 프로젝트'를 진행했다.

- **단원** : 5학년 국어 2단원 〈자료를 활용한 발표〉
- **학습 목표** : 자료를 활용하여 발표를 할 수 있다.
- **디자인한 장면** : 다양한 주제로 조사를 하고 그것을 정리하여 글로 표현하는 장면
- **핵심 활동** : 우리 반 신문 만들기
- **활동 도구** : SNS(밴드) – 자료 수집, 컬러프린터 – 사진 출력
- **수업의 흐름**
  ① 1차시 : 주제 선정 및 조사 계획 세우기
  ② 2차시 : 조사를 위한 표 및 자료 만들기
  ③ 3차시(점심시간) : 전교생을 대상으로 설문 조사
  ④ 4차시 : 설문 조사 결과를 토대로 간단하게 연습장에 구성해 보기
  ⑤ 5차시 : 우리 반 신문 만들기
  ⑥ 6차시(점심시간) : 전교생을 대상으로 신문 평가도 조사
  ⑦ 7차시 : 직접 자신이 쓴 기사를 보면서 퇴고하기

:: 주제 선정 및 조사 계획 세우기

첫 시간에는 주제를 선정하고
조사 계획을 세우도록 했다. 한 달
동안 겪은 일 중 가장 인상 깊었
던 일과 전교생을 대상으로 조사
해 보고 싶은 주제를 찾아보도록
했다. 순간 한 달 동안 무엇을 했는
지 기억이 잘 나지 않는다며 당황
해 하는 학생들에게, 우리 반에서
운영하는 SNS(밴드)를 잘 찾아보
면 좋은 내용이 나오지 않겠느냐
고 이야기해 주었다.

우리 반 밴드 둘러보기

학생들은 함께 한 달 동안 어떤
일이 있었는지 찾기 시작했고, 이
내용들 중에서 모둠별로 좋았던

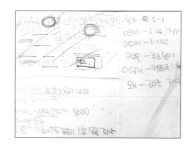
신문 개요 짜기

일을 선정하여 주제를 정했다. 아울러 전교생 대상의 설문 조사는 1학
년부터 6학년까지 모든 학생들이 재미있게 참여할 수 있는 주제로 선
정했다.

이렇게 모둠별로 주제를 선정한 다음 가장 먼저 신문 개요 만드는
법을 알려주었다. 신문 기사는 객관적이고 정확한 사실을 전달해야

한다. 그래서 인상 깊었던 내용을 기사로 작성할 때는 육하원칙을 따라야 하며, 조사 계획을 세울 때는 주제, 대상, 실시 시기, 조사 목적이 잘 드러나야 한다고 당부했다. 개요만 명확하다면 최대한 형식에 구애받지 않도록 했다. 왜냐하면 학생들이 형식에 에너지를 쏟다 보면 내용에 집중하지 못하기 때문이다.

:: 전교생 대상 설문 조사

신문 제작 계획을 세운 다음 설문 조사를 위한 조사표를 만들었다. 전교생을 대상으로 설문 조사를 하는 만큼, 최대한 많은 학생들이 알고 있는 내용을 주제로 삼아야 한다. 그러다 보니 학생들이 좋아하는 캐릭터, 음식, 수업 활동 등이 무엇인지를 물어보는 내용이 상대적으로 많았다. 설문 조사에 대한 흥미도를 높이기 위해 단순히 글로만 작성하지 말고 인터넷으로 관련 이미지를 찾아서 컬러프린터로 출력하

사진 자료 찾기

는 방법을 추천했다. 학생들이 이미지를 찾아서 밴드에 올려주면 내가 컬러프린터로 출력하는 방식으로 진행했다. 처음 인터넷 자료를 공유해 보는 활동이었는데, 학생들은 생각보

다 원하는 이미지를 잘 찾아서 정리
했다.

급식소 출입문에 게시된 설문지

설문 조사를 어떻게 할까 고민하
다가 점심시간을 활용해 급식소 정
문 앞에 설문지를 게시하고, 학생들
이 원하는 항목에 스티커를 붙여보
도록 했다.

점심시간이 되자 전교생들이 설문 조사에 관심을 갖고 몰려들었다.
설문 조사에 참여해 달라고 특별히 부탁하지도 않았는데, 주제가 마
음에 들었는지 저학년 학생들이 특히 열정적으로 설문에 참여해 주었
다. 적극적으로 참여하는 학생들 모습에 우리 반 학생들도 매우 재미
있고 보람 있는 일이라며 기뻐했다.

설문 조사에서 흥미로웠던 점은 주제가 단순해서 그런지 모르겠지
만 생각보다 조사 결과가 고르게 분포되지 않고 어떤 특정 항목에 많

설문 조사 결과

이 몰렸다는 점이었다. 그 결과를 보고 학생들이 선호하는 취향도 분위기에 휩쓸려 한곳에 치우쳤을 수도 있겠다는 생각이 들었다.

:: 우리 반 신문 만들기

자료 조사를 바탕으로 실제 신문을 제작해 보기로 했다. 신문을 만들기에 앞서, 먼저 신문의 레이아웃을 잡아보고 간단하게 신문 기사를 작성해 보는 연습 단계를 거치도록 했다. 신문을 실제로 만들어보면서 학생들은 점점 신문이 완성되어가는 재미에 몰입해 갔고 드디어 학생들이 직접 꾸민 우리 반 신문이 완성되었다.

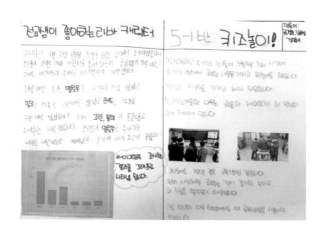

:: 신문 평가하기

완성된 신문을 가지고 다음과 같이 세 가지 평가를 하기로 했다.

- 신문을 급식소 앞에 게시하고 다른 학생들이 보고 평가하기
- 각자 자신이 직접 쓴 글을 보면서 느낀 점 적기
- 각 가정에 가정통신문으로 보내기

가장 먼저 모둠별로 만든 신문
을 급식소 앞에 게시해서 다른 학
생들에게 스티커를 통해 신문에
대한 평가를 받아보기로 했다. 점
심을 먹고 많은 학생들이 신문에
몰려들어 급식소 주변이 바글바
글했다. 간단하게 보고 넘어갈 것

신문 함께 보기와 평가하기

이라고 생각했었는데, 많은 학생들이 관심을 가져주어서 무척이나 고
마웠다.

그다음은 자신이 쓴 글을 보면서 육하원칙과 조사 계획을 직접 평
가할 수 있도록 했다. 신문을 스캔해서 갈라도 출력해 모둠원 각자가
신문을 볼 수 있도록 했다. 학생들이 신문을 직접 보면서 육하원칙이
어떻게 표현되었는지, 그리고 조사 계획에서 세운 일시, 내용, 목적들

이 잘 나타나 있는지를 직접 확인하는 시간을 가졌다.

그리고 마지막으로 신문을 가정으로 보내어 부모님들에게 보여주도록 했다. 나중에 들은 이야기이지만 신문을 보신 부모님들이 학생들에게 아낌 없는 칭찬을 해주셨다고 한다.

이 프로젝트는 5학년 학생들과 함께한 첫 장기 프로젝트였다. 이 학생들이라면 무언가 큰 성장을 할 수 있겠다는 기대가 들기에 충분했고 학생들 또한 무척이나 보람을 느낄 수 있어 의미 있는 프로젝트라는 생각이 들었다. 이 프로젝트를 시작으로 우리 반 아이들과 2년 동안 정말 많은 일을 함께할 수 있었다.

BK's Summary

- 프로젝트를 진행해 본 적이 없는 학생들에게 이 수업을 통해 프로젝트가 어떤 절차로 진행되는지 알려주고 싶었다.
- 신문 만들기 주제를 정할 때 학생들이 공감할 수 있는 주제를 선정하여 몰입도를 높였다.
- 최대한 학생들 주변의 재료를 활용하여 신문에만 집중할 수 있도록 하였다.
- 학생들이 신문 기사에 쓸 사진을 평소에 준비해 두는 것이 좋다. 학생들의 활동 사진을 출력해서 제공하고 제공한 사진에 대해 신문 기사를 쓰는 방식으로 진행하는 것을 추천한다.
- 신문 기사의 내용이 아닌 형식에 너무 집중하여 본말이 전도되지 않도록 주의해야 한다.
- 전교생을 대상으로 하기 때문에 설문 조사 주제가 특정 학년에 치우치지 않도록 해야 한다.
- 〈6학년 1학기 국어 : 뉴스 제작하기 프로젝트 진행〉과 연계된 수업이 가능하다.

BK's Recipe
02
—
교과서 슬로리딩
프로젝트

     6학년 국어 5단원은 이야기의 구성 요소인 인물, 사건, 배경을 이해하고 이야기를 바꾸어보는 활동을 해보는 단원이다. 예를 들어 신데렐라 이야기를 바꾸어보는 활동을 할 때 다음과 같이 재구성할 수 있다.

- 인물 : 신데렐라가 남자라면?
- 사건 : 신데렐라가 파티에서 12시를 넘겼다면?
- 배경 : 신네렐라 파티를 오늘 우리 반에서 한나번?

학생들이 상상하여 이야기를 재구성하는 활동을 할 때 가장 많이 하는 잘못은 이야기의 '개연성'을 염두에 두지 않는다는 것이다. 다시 말해 이야기를 전개와 상관 없이 바꾸어버림으로써 이야기의 흐름은 어긋난 채, 그냥 공상으로만 마무리하게 될 우려가 있다. 그래서 이 단원을 수박 겉 핥기 식으로 넘어가지 말고 슬로리딩의 수업 방식을 차용하여 하나의 지문을 깊게 들여다보는 방법으로 수업을 구상해 보았다.

- **단원** : 6학년 국어 5단원 〈이야기 바꾸어 쓰기〉
- **학습 목표** : 이야기의 구성 요소를 고려하며 이야기 책을 만들 수 있다.
- **디자인한 장면** : 인물, 사건, 배경을 고려하여 이야기 책을 만드는 장면
- **핵심 활동** : 인물 관계도 만들기, 해피엔딩으로 이야기 바꾸어보기
- **활동 도구** : 교과서 지문, 영화 〈스쿨 오브 락〉
- **수업의 흐름**
  ① 1차시 : 우리 반 인물 관계도 만들기
  ② 2~4차시 : 영화 〈스쿨 오브 락〉을 감상하고 주인공 인물 관계도 만들기(창체와 융합)
  ③ 5차시 : 교과서 〈방구 아저씨〉 지문을 읽고 인물 관계도 만들기
  ④ 6차시 : 〈방구 아저씨〉 결말을 해피엔딩으로 바꾸기
  ⑤ 7~8차시 : 이야기 책으로 만들고 함께 감상해 보기

단원을 디자인하기 전 학생들에게 인물, 사건, 배경 중 무엇을 중점적으로 생각해 보도록 해야 할 것인가를 살펴보았다. 단순히 평면적으로 학생들에게 제시하기보다 흐름의 중심을 잡아줄 필요가 있었기

때문이다. 그러다 문득 드라마를 보는 시청자들이 드라마의 '인물'에 집중하는 것을 떠올렸다. 드라마는 인물의 성격과 인물 간의 관계가 전체적인 흐름에서 가장 중심이 되고 여기에 사건과 배경이 더해짐으로써 극의 흐름을 이끌어나간다. 특히 인물의 성격은 단순하게 선과 악의 평면적인 구성이 아니라 인물 간의 관계나 또는 사건과 배경에 따라 입체적으로 변화된다. 예를 들어 〈캡틴아메리카 : 시빌 워〉에서 아이언맨과 캡틴아메리카만 보아도 누가 선이고 누가 악인지를 구분하기는 쉽지 않다. 그래서 인물의 관계를 중심으로 이야기를 이해한다면 나중에 자신의 생각대로 이야기를 바꾸더라도 이야기의 핵심적인 흐름은 유지할 수 있을 것이라고 생각했다.

인물의 관계는 외적 관계와 내적 관계로 나눌 수 있다. 외적 관계는 공식적이며 객관적인 관계이고 내적 관계는 주관적인 관계로 서로 암묵적으로 합의된 관계를 말한다. 〈시빌 워〉에서 아이언맨과 캡틴아메리카를 외적 관계와 내적 관계로 구분하면 다음처럼 정리할 수 있다.

- 외적 관계 : 어벤져스의 같은 팀이다. 실드로 연결되어 있다.
- 내적 관계 : 서로 라이벌 의식이 있다. 캡틴아메리카와 버키는 우호적인 관계이지만 아이언맨과 버키는 적대적인 관계이다.

인물의 내적 관계와 외적 관계를 그림으로 나타낸 것이 인물 관계도이다. 학생들이 책을 읽고 주인공의 인물 관계도를 그림으로 나타낼 수 있다면 이야기의 흐름을 이해하는 데 큰 도움이 될 수 있다. 하지만 인물 관계도를 만들어본 적이 없는 학생들을 위해 조금 더 쉽게 접근할 수 있는 방법을 생각해 보았다.

:: 우리 반 인물 관계도 만들기

가장 먼저 나를 중심으로 우리 반 인물 관계도를 만들어보는 활동을 해보았다. 우리 반이라는 드라마에서 내가 주인공이라고 생각하고, 나를 중심으로 나와 친구의 관계, 친구와 다른 친구의 관계를 인물 관계도로 만들어보면 학생들이 인물 간의 관계가 무엇인지에 대한 개념을 이해할 수 있을 것 같았기 때문이었다.

우리 학교는 한 학년이 한 반밖에 없기 때문에 학생들은 무려 6년이라는 시간을 함께 해왔다. 그만큼 상당히 깊은 관계를 맺고 있어서 직접 그려보도록 하니 복잡하게 나온다며 어려워했다. 그래서 모든 사람을 다 분석할 필요는 없고 나와 가장 관계가 깊은 사람부터 차근차근 하나씩 풀어가보자고 했다. 가

장 관계가 깊다고 느끼는 사람 몇 명을 추려서 인물 관계도를 그려나간 결과 다음과 같은 인물 관계도를 만들 수 있었다.

- 외적 관계 : 유치원 때부터 같은 반이다. 5학년 1반 학생이다. 장성 초등학교 학생이다. 반장과 부반장의 관계이다.

- 내적 관계 : 옛날에 싸운 적이 있다. 항상 마음이 잘 맞아서 서로 같이 잘 논다. 같이 게임을 해서 친하다.

:: 영화 속 주인공의 인물 관계도 만들기

두 번째 미션은 영화 속 주인공의 인물 관계도 그려보기였다. 학생들에게 어떤 영화를 제공하면 좋을지 생각해 보다가 다음과 같은 기준을 세웠다.

- 주인공의 성격이 명확해야 한다.
- 주인공과 주변 관계 또한 분명하게 드러나야 한다.
- 학생들이 쉽게 이해할 수 있고, 좋아할 만한 영화여야 한다.

여기에 가장 잘 부합된 영화가 바로 〈스쿨 오브 락〉이었나. 〈스쿨 오브 락〉은 〈쿵푸팬더〉로 더 유명한 배우 잭 블랙이 나오는 영화로, 무명 락가수인 듀이가 명문 학교에 가짜 교사로 들어가서 벌어지는 사건에 대한 영화이다.

이 영화의 관전 포인트는 크게 세 가지이다.

- 듀이가 그 반의 학생들을 어떻게 변화시키는가?
- 듀이는 어떻게 변화되어 가는가?
- 이 영화는 어떤 학교를 원하는가?

이 점에 유의하며 함께 영화를 감상했다. 창체 시간을 활용하여 감상했는데, 학생들이 기대 이상으로 몰입하여 감상하는 모습이 인상적이었다.

영화를 다 보고 나서 주인공인 듀이를 중심으로 인물 관계도를 그려보도록 했다. 가장 먼저 활동지에 각자 인물 관계도를 그려보고 이후에 모둠원들과 이야기를 하며 인물의 관계를 정리해 나갔다.

모둠 토의를 마치고 나서 한 모둠씩 돌아가며 이 영화의 인물 관계도를 칠판에 함께 그려보도록 했다. 처음에는 조금 단순하게 시작했지만, 점점 하나의 큰 그림이 그려지는 것을 보며 나도 보람을 느끼게 된 수업이었다.

:: 방구 아저씨 인물 관계도 만들기

이제는 학생들이 글을 제대로 분석할 수 있으리라는 기대를 갖고 교과서 지문을 들여다보기 시작했다. 교과서의 지문은《방구 아저씨》라는 동화책의 한 부분이다.《방구 아저씨》는 목수인 김봉구라는 사람이 일제 강점기에 어떻게 살아갔는지, 그리고 그 시대가 어떤 시대였는지를 보여주는 감동적이지만 슬픈 이야기이다.

그런데 교과서의 지문만으로는 학생들이 이야기 전체의 메시지를 이해하기에 조금 어려워 보였다. 한두 차시로 이 인물의 인과 관계와 시대와 공간적 배경이 인물에게 주는 상황, 사건의 흐름을 판단하기에는 시간이 부족했기 때문이다. 그래서 이 단원의 다른 글들을 훑고 지나가기보다는 이 글 자체를 깊게 들여다보도록 했다.

가장 먼저 이 책을 읽고 나서 인물 관계도를 그려보기로 했다. 이때 단순하게 인물의 관계만 그려보지 말고 시간적·공간적 배경을 생각하며 인물이 갖고 있는 생각과 가치관을 추가해 보도록 했다.

방구 아저씨 인물 관계도 만들기

이 이야기는 방구 아저씨가 갖고 있는 '백동 은나비 괴목장'을 일본 순사가 탐내면서 급박하게 진행된다. 그래서 단순하게 좋고 나쁘다로 느낌을 표현하지 말고 괴목장을 중심으로 인물들이 어떤 관계인지를 살펴보고 여기에 시간적·공간적 배경을 더해 구성해 보도록 했다. 이 이야기의 시간적 배경이 정확하게 숫자로 나오지는 않았지만 충분히 유추해 볼 수는 있다.

"진주만을 기습해서 태평양전쟁을 일으킨 지 일 년 넉 달 하고 스무하루가 된 날"

진주만 공습이 1941년 12월 7일에 일어났으니 1년 4개월 21일 이후라고 한다면 1943년 3월 28일이라는 것을 알 수 있다. 이때는 중일전쟁과 태평양전쟁이 한창일 때로 일제가 우리나라를 억압하고 마구잡이로 수탈하던 시기이다. 또한 징병과 징용으로 우리나라 사람들이 전쟁의 소용돌이에 빠져 있던 시기이기도 하다. 이런 처참한 시대에 '안골 마을'이라는 작은 시골이 배경이라는 것을 생각하면서 인물 관계도를 그려보고, 이 이야기의 인물들은 어떤 마음가짐으로 살았을까를 생각하며 주인공에 대한 느낌을 추가해 보도록 했다.

그 결과 다양한 시각에서 함께 이야기하며 다음과 같은 인물 관계도를 만들 수 있었다.

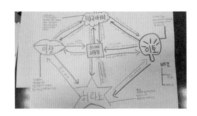

:: 방구 아저씨 해피엔딩 이야기 책 만들기

방구 아저씨 이야기의 결말은 방구 아저씨가 죽은 아내에게 선물하기 위해 심혈을 기울여 만든 '백동 은나비 괴목장'을 빼앗기지 않으려고 하다가 이토가 내려친 곤봉에 맞아 억울하게 죽임을 당

방구 아저씨 이야기 책 만들기

하는 것이다. 그런데 이 이야기를 해피엔딩으로 만들어보면 학생들이 조금 더 행복한 마음으로 이야기를 재구성할 수 있지 않을까 싶었다. 그래서 해피엔딩이 결말인 이야기 책을 만들어보는 활동으로 이 단원을 마무리하기로 했다.

아울러 이야기 책을 만들되, 개연성을 유지할 수 있도록 다음과 같은 규칙을 학생들에게 제시했다.

- 인물, 사건, 배경을 적절하게 바꿔가면서 만든다.
- 많은 사람들이 공감할 수 있도록 만든다(방구 아저씨를 슈퍼맨으로 만들지 말 것).
- 모두가 행복할 수 있도록 이야기를 바꾸어본다.

이 규칙에 맞춰 학생들이 만든 이야기를 모아 스캔하여 우리 반 방구 아저씨 책 모음집을 만들었다. 모음집을 만들어서 함께 감상하고

방구 아저씨 이야기 책 만들기

이야기하며 수업을 정리했다. 학생들과 이야기하며 느낀 점을 물어보았는데 "방구 아저씨를 조금 더 이해하게 되었어요"라는 대답이 가장 인상적이었다.

사람은 대화를 통해 서로를 이해한다. 책을 읽는다는 것도 마찬가지이다. 진정한 마음을 갖고 책과 대화를 한다면 그 책의 주인공이 내 마음속에 들어올 수 있는 것이다. 수업을 통해 이 사실을 학생들이 알게 되었다는 것에 정말 큰 보람을 느꼈다.

그리고 그날 밤 나는 조금 더 행복한 감정을 느낄 수 있었다. 나는 우리 반 밴드에 수업한 내용을 학생들과 공유하는데, 평소에 장난을 좋아하는 준영이가 방구 아저씨와 헤어지는 것이 아쉽다고 댓글로 달아준 것이었다. 어쩌면 방구 아저씨가 우리 반 학생들에게 준 가장 큰 해피엔딩이 아니었을까 싶다.

밴드에 공유한 수업 내용

BK's Summary

- 이 수업의 핵심은 교과서 지문 속의 주인공의 말과 행동을 학생들이 공감할 수 있도록 하는 것이었다.

- 교과서 지문 속의 주인공을 최대한 입체적으로 분석하여 수업의 깊이를 더하도록 하였다.

- 학생들의 삶이 하나의 이야기가 될 수 있다는 것을 학생 스스로 느끼게끔 하였다.

- 저작권에 주의하여 영화를 선정해야 한다.

- 주인공의 성격이 잘 드러나 분석하기 쉬운 글을 선정해야 한다.

- '방구 아저씨'는 일제 강점기의 아픔이 담긴 글이기 때문에 잘못하면 학생들에게 자극적인 소재가 될 수 있으므로 주의가 필요하다.

- 학생들이 이야기를 재구성할 때 개연성이 있는 글을 쓸 수 있도록 교사의 방향 제시가 필요하다.

- 〈4학년 1학기 국어 : 인물, 사건, 배경을 생각하며 이야기 책 만들기〉와 연계된 수업이 가능하다.

BK's Recipe
03
─────
교실에서
수학 찾기

_____ 이번 프로젝트는 학교에서 직접 수학적 원리를 찾아 확인해 보는 활동으로 수 감각을 익히기 위한 수 체험 학습의 일환이다. 교실 속에서 수학적 원리를 찾아 문제를 해결해 보는 과정을 담은 활동을 몇 가지 모아 보았다.

- **학습 목표** : 수학적 원리를 찾아 문제를 해결할 수 있다.
- **디자인한 장면** : 수학적 원리를 찾아 탐구하는 장면
- **핵심 활동** : 학교에서 직접 수학적 원리를 확인해 보는 활동
- **활동 도구** : 자, 계산기 등

:: 색종이 잘라서 더하기

5학년 수학에서 분수의 덧셈은 4학년 때와 한 가지 요소가 다르다. 4학년 때는 분모가 같은 분수의 덧셈을 하는데, 5학년 때는 분모가 다른 분수의 덧셈을 하는 것이다.

분모가 다르다는 것은 기준이 다르다는 것을 의미한다. "사과 2개와 수박 3개를 더하면 몇 개인가요?"라는 질문을 한다고 해보자. 흔히 사람들은 5개라고 말하기 쉽다. 하지만 사실 사과와 수박은 기준이 다르게 때문에 서로 더할 수 없다. 다시 말해 '사과 1개, 수박 4개'와 '사과 4개, 수박 1개'는 엄연한 차이가 있다. 이처럼 분수에서 분모는 수의 기준이 되기 때문에 분모가 같지 않으면 더할 수 없다. 그래서 분모가 다른 분수의 덧셈을 할 때 단순하게 분모를 통분해서 분자를 더한다고 말하는 것은 학생들이 분수의 덧셈을 이해하는 데 크게 도움이 되지 못한다. 그보다는 실제로 색종이를 활용해 다양한 기준으로 잘라보고 더하는 활동을 해본다면 학생들이 분모가 다른 분수의 덧셈을 이해하는 데 도움이 될 수 있을 것이라 생각했다.

- **단원** : 5학년 수학 〈분수의 덧셈〉
- **학습 목표** : 분수의 덧셈을 이해할 수 있다.
- **핵심 활동** : 색종이를 잘라서 더해 보기
- **활동 도구** : 색종이

고민 끝에 '1 만들기'라는 활동을 구안해 보았다. '1 만들기'는 여러 개의 분수를 더해서 1이 되도록 수식을 만들어보는 활동이다. 하나의 색종이를 1이라고 볼 때 색종이를 아래의 모양처럼 자르면 다음과 같은 수식을 만들 수 있다.

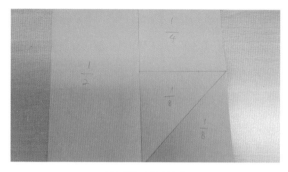

1/2+1/4+1/8+1/8=1

수업을 진행할 때 생길 수 있는 위험요소를 최소한으로 줄이기 위해 다음과 같이 제한을 두었다.

- 최소한 하나 이상의 분수는 분모가 달라야 한다.
- 2조각, 3조각, 4조각, 5조각 등 다양하게 잘라보도록 한다.

이 두 개의 제한을 주고 오늘의 미션을 시작했다. 솔직하게 말하자면, '종이 접고 자르는 데 시간이 얼마가 걸리겠어?'라고 쉽게 생각하고 수업을 시작했는데, 생각보다 시간이 오래 걸려서 조금 놀랐다. 이런 식으로 수업을 진행해 본 경험이 없어서인지 색종이를 반으로 자르면 1/2이 된다는 것을 이해하는 데 시간이 많이 걸렸기 때문이다. 하지만 조금씩 학생들은 방법을 찾아가기 시작했고, 점심 시간까지 활용하면서 각자의 미션을 해결하기 위해 몰입했다.

색종이 잘라서 더하기 활동

만든 자료 발표하기

이 수업에서 한 가지 주의할 점은 '정확하게' 선을 긋고 자르는 것이 무엇보다도 중요하다는 점이다. 학생들이 종이를 대충 접다 보면 각각의 모양과 크기가 다 달라져 제대로 된 수식이 나오지 않

잘라서 더하기 수업 결과

을 수도 있다. 어떤 학생은 돌돌 말아가며 10번을 접었는데, 맨 마지막 색종이가 처음 색종이의 반도 안 되는 불상사가 벌어지기도 했다. 그래서 학생들이 '정확하게' 선을 긋고 자를 수 있도록 교사의 시도가 필요하다.

활동이 끝난 뒤에는 각자 자신이 준비한 내용을 가지고 발표를 하기 시작했다. "내가 자른 모양은 이런 모양이고 이 모양을 분수로 나타내면 이렇습니다"라고 발표를 했는데, 조금 더 길게 구체적으로 발표하는 방법을 알려주면 좋을 것 같았다.

직접 수를 구체화시켜서 눈으로 보고 다시 그것을 수학적으로 정리하는 이런 활동은 학생들의 수 감각을 키워주는 데 도움이 된다. 이 수업을 통해 학생들은 분모를 여러 방법으로 바꿀 수 있다는 것을 배울 수 있었다.

BK's Summary

- 수를 구체화 시켜서 표현해 보는 활동은 학생들의 수 감각 형성에 도움을 준다.
- 주변에서 쉽게 볼 수 있는 색종이를 수학적으로 활용하여 수업한다.
- 눈으로 직접 수를 확인할 수 있기 때문에 대부분의 학생들이 학습 목표에 도달할 수 있다.
- 몇 가지 예시가 있으면 학생들이 생각을 전환하기가 더 용이하다(가로세로뿐 아니라 다른 방법으로도 자를 수 있다는 것을 보여줄 필요가 있음).
- 색종이를 정확하게 접고 잘라야 학생들이 생각한 수와 잘 맞아떨어진다. 예를 들어 10등분을 하기로 했는데 잘못 접는다면 10개로 자른 색종이 크기가 다 달라서 수학을 이해할 수 없게 된다.
- ⟨4학년 1학기 수학 : 색종이를 분수에 맞게 잘라보기⟩와 연계된 수업이 가능하다.

:: 교실 속 직사각형과 운동장의 둘레와 넓이 구하기

5학년 수학 6단원은 둘레와 넓이에 대한 단원이다. 가장 먼저 직사각형의 둘레를 구하고, 그다음부터는 다양한 도형의 넓이로 확장해 나간다. 이 수업은 이 단원의 첫 차시였기 때문에 먼저 학생들에게 둘레와 넓이에 대한 간단한 정의를 알려주기로 했다. 그런데 갑자기 한 학생이 "선생님, 둘레가 가로 더하기 세로 곱하기 2인 거 다 알아요"라고 하는 것이었다. 그래서 그 학생에게 둘레가 무엇인지 아느냐고 되물어보았는데 정작 정확하게 대답하지는 못했다. 나는 가장 먼저 둘레와 넓이가 무엇인지를 정확하게 설명해 주어야겠다고 생각하고 다음과 같이 말했다.

"여기 칠판이 있어요. 이 칠판의 테두리 길이를 칠판의 둘레라고 해요. 둘레를 어떻게 구하면 될까요? 실로 테두리를 한 바퀴 두른 다음 그것을 펼치면 긴 실이 보이겠죠? 그것이 칠판의 둘레와 같아요. 이렇게 구할 수도 있고, 다른 방법이 있을 수도 있어요. 그러면 일단 우리 반에 있는 다양한 직사각형 둘레 길이부터 알아보고 나서 이야기를 해봅시다."

이렇게 이야기를 하고 물건의 둘레를 기록할 수 있는 간단한 활동지를 나누어주고 우리 반에 있는 직사각형의 눌레를 구해 보기도 했다.

- **단원** : 5학년 수학 〈다각형의 넓이〉
- **학습 목표** : 직사각형의 둘레와 넓이를 구해 보고, m^2를 이해해 보자.
- **핵심 활동** : 교실 속 직사각형과 운동장의 넓이와 둘레 구해 보기
- **활동 도구** : 자, 계산기 등

우리 반에는 정말 많은 직사각형들이 있다. 칠판, 책상, 사물함, 형광등 테두리 등 많은 직사각형이 있는데 아무래도 처음에 칠판을 예로 들어서인지 많은 학생들이 칠판의 둘레부터 재기 시작했다. 칠판의 가로 길이는 600cm, 세로 길이는 127cm로 총 둘레는 1,454cm(14.54m)가 나오는 것을 알 수 있었다. 이렇게 처음에 칠판부터 시작한 학생들은 그다음부터 우리 반 전체로 눈을 넓혀갔

칠판 둘레 길이 재기

우리 반 전체로 눈 돌리기

고, 교실 곳곳에 숨어 있는 다양한 직사각형의 둘레를 구할 수 있었다.

단위 넓이와 직사각형의 넓이에 대한 개념을 이해하고 나서 m^2의

개념에 대해 배워볼 차례였다. m^2가 무엇인지 그리고 그 크기가 어느 정도 되는지 살펴보기 위해 어떻게 해야 할까 고민하다가 학생들이 수치를 잴 수 있는 가장 큰 직사각형인 운동장의 넓이를 한 번 구해 보고자 하였다. 우리 학교 운동장의 실제 길이는 가로 80m, 세로 50m로 둘레는 260m,

운동장 넓이 재기

넓이는 4,000m^2가 된다. 하지만 학생들은 실제 길이를 모르기 때문에 오차가 생길 수 있다. 비록 운동장의 넓이를 정확하게 재는 것은 어렵겠지만 활동 과정을 통해 직사각형의 넓이를 이해하는 데 도움이 되지 않을까 싶었다. 그래서 다음 세 가지 목표를 수업 활동에서 달성하면 성공이라고 생각하고 수업을 시작했다.

- cm와 m를 비교하고 그 차이를 이해할 수 있다.
- m^2의 넓이가 어느 정도인지를 생각해 볼 수 있다.
- 직사각형의 넓이를 구할 수 있다.

운동장에 나가서 넓이를 재어보자고 했더니 학생들이 처음에는 정말 혼란스러워 했다. 하지만 다행히 우리 학교 운동장에는 축구장 선이 그어져 있어서 그 선을 연결한 직사각형의 넓이를 구할 수 있었다.

모둠별로 5m 줄자를 가지고 몇 번이나 돌려가면서 거리를 재기 시작했다. 혼자서는 분명히 할 수 없는 일이었겠지만 친구들과 같이 측정하는 것은 가능했다. 그래서 다행히 대부분의 학생들이 가로와 세로의 길이에 대한 오차 범위가 크지 않았다.

이렇게 수치를 측정한 다음 교실로 돌아와 천천히 계산해 가면서 칠판에 정리하기 시작했다. 숫자가 너무 크기 때문에 학생들에게 계산기를 제공했다. 숫자 계산을 못해서 넓이를 구하지 못한다면 학생들이 억울해 할 수도 있기 때문이었다. 이렇게 계산을 완료한 모둠은 모둠별로 칠판에 그 결과를 기록했는데, 재미있는 모습을 볼 수 있었다.

이번 수업은 세 모둠으로 구성했었다. 그런데 세 모둠 모두가 가로 약 8,000m, 세로 약 5,000m로 운동장의 넓이가 무려 $40,000,000m^2$가 된다고 적어놓고 나에게 그것이 맞는지를 물어보는 것이었다. 나는 이 질문에 즉각적으로 반응하지 않고 그냥 가만히 웃고만 있었다. 기다리다 보면 무언가 좋은 토론이 일어날 수 있을 것 같았기 때문이었다.

아니나 다를까, 재미있는 공방이 벌어졌다. 운동장의 길이는 8m, 80m, 800m, 8,000m 중 하나이기 때문에 학생들은 이 중에서 무엇이 맞는지 10분 이상이나 토론을 했다. 간단한 cm와 m의 변환이기 때문에 쉽게 해결할 줄 알았는데 이렇게 오래 걸리는 것을 보면서 기본을 짚어줄 수 있어서 다행이라는 생각이 들었다. 마침내 어떤 학생들이 한참을 보다가 "이거 7,850cm 아냐?"라고 말하며 80m의 실제 길이

를 찾아낼 수 있었다.

이처럼 수학을 숫자로 배우는 것과 실제로 체험하는 것은 큰 차이가 있다. 그 점에 있어서 이 수업은 가장 기본적인 수학의 진리를 다시 한 번 느낄 수 있는 좋은 수업이었다.

BK's Summary

- 실제로 주변에서 수를 체험함으로써 수의 크기를 느껴보는 것이 중요하다.
- 교실과 학교에서 수가 어떤 의미가 있는지를 실제로 체험해 보는 수업이다.
- 수의 크기를 실제로 측정해 보고 확인해 보는 수업이다.
- 다양한 크기의 자가 있으면 수업이 더 원활하게 진행될 수 있다(5m 줄자 하나로 진행했는데, 학생들은 더 긴 자가 있으면 좋겠다고 이야기함).
- 칠판의 길이를 재기 위해 TV 위로 올라가는 학생이 있을 수 있으므로 안전에 뉴의해야 안나.
- 〈4학년 1학기 수학 : 다양한 교실 물건의 길이 재기〉〈6학년 1학기 수학 : 우리 교실의 부피를 측정해 보기〉와 연계된 수업이 가능하다.

:: 같은 부피, 다른 겉넓이 – 쌓기나무로 겉넓이 구하기

흔히 사람들은 부피가 같은 도형은 겉넓이도 같다는 착각을 하기 쉽다. 하지만 부피가 같더라도 겉넓이가 다를 수 있다. 그래서 이 점을 수업에 활용하면 학생들이 부피와 겉넓이를 이해하는 데 도움이 될 거라 생각했다.

이번 수업은 하나의 부피로 만들어지는 여러 직육면체들의 겉넓이가 어떻게 달라지는지를 직접 살펴보는 방식으로 디자인하였다. 부피와 겉넓이를 직접 조작하면서 확인하기 위해서는 정육면체가 필요한데, 교실에서 가장 개수가 많고 조작하기 쉬운 정육면체로는 쌓기나무가 있다. 그래서 이 쌓기나무를 활용해 여러 직사각형을 구현해 보기로 했다.

- **단원** : 6학년 수학 〈직육면체의 겉넓이와 부피〉
- **학습 목표** : 직육면체의 겉넓이와 부피를 구할 수 있다.
- **핵심 활동** : 같은 부피의 쌓기나무를 활용해 겉넓이가 어떻게 변하는지 확인하기
- **활동 도구** : 쌓기나무, 자, 계산기 등

이 수업은 기본적으로 가로, 세로, 높이에 대한 경우의 수가 많아져야 가능하다. 그래서 부피가 50 이하에서 약수가 가장 많은 수인 48

개의 쌓기나무를 가지고 직육면체를 만들어보기로 했다. 48은 $2^4 \times 3$ 이기 때문에 다음과 같이 총 9개의 경우의 수가 나올 수 있다.

가로	세로	높이	겉넓이	가로	세로	높이	겉넓이
1	1	48	194	2	2	12	104
1	2	24	148	2	3	8	92
1	3	16	134	2	4	6	88
1	4	12	128	3	4	4	80
1	6	8	124				

이 표에서 보면 알 수 있듯, 겉넓이가 가장 작은 직육면체가 되도록 하기 위해서는 정육면체에 가깝게 모양을 만들어가면 되고, 겉넓이가 가장 크도록 하려면 최대한 일자 모양으로 이어가면 된다. 하지만 이 것을 시작부터 알려주면 수업을 진행할 이유가 없다. 그래서 이런 내용을 배제하고, 겉넓이의 크기가 가장 큰 직육면체와 가장 작은 직육면체를 만들어보도록 했다.

처음에는 학생들에게 그냥 손이 가는 대로 쌓기나무를 쌓아보도록 했다. 마구 쌓아보고 그것의 겉넓이를 구하는 방법으로 활동을 시작했다. 대부분의 학생들은 본능적으로 정육면제 모양부터 시작하는 경우가 많았다.

10분 정도가 지나고 나서 가장 큰 겉넓이는 194를 만들면 되고 가

쌓기나무 48개로 다른 겉넓이 구하기

장 작은 겉넓이는 80을 만들면 된다는 것을 알려주었다. 학생들이 활동을 하는 모습을 보며 30분 정도 기다려주었는데, 신기하게도 학생들이 이 9가지 경우의 수를 모두 찾아내어 각자가 원하는 결과를 만들어냈다.

BK's Summary ✏️

- 같은 부피라도 모양에 따라 겉넓이가 달라질 수 있다는 것을 이해시키기 위해 개방형 문제를 제시했다.
- 교실에서 쉽게 구할 수 있는 '쌓기나무'라는 도구를 충분히 활용한 수업이다.
- 개방형 문제를 제공함으로써 수학에 대한 열린 사고를 느낄 수 있도록 디자인한 수업이다.
- 쌓기나무를 더 많이 준비해서 다양한 모양의 직육면체를 한눈에 볼 수 있도록 하면 더욱 효과적일 수 있다.
- 학생들의 계산 실수로 값이 달라질 때가 있다. 그러므로 어느 정도 시간이 지나면 계산 값이 정확한지 확인해 줄 필요가 있다.
- 〈5학년 1학기 수학 : 넓이가 같은 도형의 둘레가 어떻게 바뀌는지 확인해 보기〉와 연계된 수업이 가능하다.

BK's Recipe
04

경제 체험
프로젝트

_____ 5학년 1학기 사회 2단원은 경제 단원이다. 이 단원에서 학생들은 돈의 흐름을 예상하고 그것을 바탕으로 우리가 어떻게 발전해 왔는지, 그리고 앞으로 어떻게 발전해야 할 것인지를 생각해 보게 된다.

이 단원에 들어가기 앞서 실제로 경제가 우리에게 어떤 의미가 있는지를 직접 체험해 보도록 프로젝트를 기획하였다. 간단하게 학생들끼리 서로 물건을 사고파는 경제 활동을 할 수도 있었지만, 내가 잘 아는 친구들이 아닌 다른 학년의 학생들에게 무언가를 판매한다면 돈의 흐름 자체에 더욱 집중할 수 있을 것이라고 생각했다. 그래서 5학년과 가장 거리가 먼 1학년 학생들을 대상으로 미니 장터를 열기로 했다.

- **단원** : 5학년 사회 〈우리 경제의 성장과 발전〉
- **학습 목표** : 경제의 의미를 알고 돈의 가치를 느낄 수 있다.
- **디자인한 장면** : 물건의 가치를 정하고 직접 다른 사람들에게 팔아보는 장면
- **핵심 활동** : 시장조사 후 미니 장터 활동
- **활동 도구** : 카지노칩, 장터에서 판매할 물건 등
- **수업의 흐름**
  ① 1차시 : 팀 선정 및 질문지 만들기(국어 조사 수업과 융합)
  ② 2차시 : 1학년 학생들을 대상으로 시장조사 후 조사 내용을 바탕으로 1학년 학생들의 취향
    분석(국어 수업과 융합)
  ③ 3차시 : 조사 내용을 바탕으로 재료 사오기(수학 수업과 융합)
  ④ 4차시 : 1학년 학생들을 대상으로 미니 장터 운영하기
  ⑤ 5차시 : 느낀 점을 이야기해 보고 경제 활동이 무엇인가에 대한 토론하기

이 프로젝트의 기본 원칙은 다음과 같다.

- 자유롭게 팀을 구성한다.
- 1인당 3,000원씩을 예산으로 하여 마트에서 판매할 물건이나 재료를 구입한
  다(3인 모둠의 예산은 3,000원×3명＝9,000원).
- 1학년 학생 25명에게 1인당 카지노칩을 20개씩 제공한다(카지노칩 1개의 가
  치는 100원).
- 1학년 학생들은 제공받은 칩으로 5학년 장터에서 필요한 물건을 구입한다.
- 가장 많은 수익을 낸 팀이 승리한다.

:: 1학년 학생들을 대상으로 한 시장조사

　가장 먼저 간단한 질문지를 작성했다. 질문지는 1학년 학생들이 좋아하는 음식, 좋아하는 놀이 등 1학년 학생들이 좋아하는 것과 싫어하는 것이 무엇인지를 파악하기 위해 만들었다. 이 질문지를 갖고 1학년 교실로 사전 조사를 떠났다. 이런 프로젝트를 운영한다고 하니 다행히도 1학년 선생님께서 흔쾌히 허락해 주셨다.

　20분 동안의 짧은 시장조사였지만, 정말 에너지가 넘치는 시간이었다. 이 조사가 판매 물품 선정에 큰 영향을 주기 때문에 질문하는 학생들의 태도는 진지했고, 1학년 학생들도 자신의 생각을 조리 있게 대답해 주었다. 꼼꼼하게 서로 묻고 답하는 모습과 조사한 내용을 자세히 기록하는 모습이 기특해 보였다.

　이렇게 시장조사한 내용을 바탕으로 어떤 물건을 판매하면 좋을지를 구체적으로 분석하기 시작했다. 마침 국어 단원이 조사한 내용을 분석해 보는 단원이어서 국어 시간을 재구성할 수 있었다. 이렇게 분

1학년 시장조사 및 조사 내용 분석하기

석한 내용을 바탕으로 어떤 콘셉트로 장터를 구성할지 토론하는 과
정을 거쳤다.

:: 마트에서 물품 구매하기

사전에 시장조사한 내용을 가지고 학교 동네 마트에서 실제로 장을
보기로 했다. 구매할 때의 금액은 1인당 3,000원씩으로 제한을 두었다.
돈을 많이 쓰는 것보다 정해진 예산을 효율적로 활용할 수 있는 방안
을 생각해 보는 것이 이 수업에서 중요했기 때문이었다.

자유롭게 팀을 구성하도록 했는데 본의 아니게 남학생 대 여학생
의 구도로 이루어졌다. 그런데
재미있게도 남학생과 여학생
의 장 보는 모습이 조금은 달
랐다. 남학생들은 목록이 없이
짚이는 대로 즉흥적으로 물건
을 고르는 반면에 여학생들은
목록에 있는 물건들을 최대한
구입하려고 노력하는 모습을
보였다.

주어진 금액에 한계가 있고

마트에서 장보기

마트에서 장을 봐서 그런지 구매한 물품 대부분이 먹을거리였다. 물론 1학년 학생들을 대상으로 시장조사를 한 결과, 1학년 학생들도 대부분 먹을거리를 선호했다.

:: 미니 장터 운영하기

미니 장터는 우리 반 교실에서 꾸리기로 하고 마트에서 산 물건들을 이곳저곳에 세팅하기 시작했다. 학생들 모두 분주하게 세팅 준비를 했다. 남학생들은 양으로 승부를 보자며 먹을거리와 뽑기 게임을 접목하는 데 중점을 둔 반면, 여학생들은 풍선 등을 활용한 데코레이션에 포인트를 두었다. 이 풍선은 나중에 칩을 더 내면 터트릴 수 있게 해주어 수입을 늘이는 데 도움이 되는 용도로 쓰인다고 했다.

1시간 동안의 세팅을 마무리하고 드디어 1학년 학생들이 우리 반 교실에 찾아오기 시작했다. 1학년 학생들은 25명인데 칩을 1인당 20개씩 주었으므로 총 500개의 칩이 활용되었다. 이 칩을 어느 팀이 더 많이 얻을 수 있는가가 오늘의 미션이었다. 미니 장터는 총 30분가량 진행되었는데 생각 이상으로 열기가 후끈후끈했다. 이 모습을 보고 1학년 선생님도 매우 즐거워하셨다.

여학생들이 전체적으로 장터를 아기자기하게 구성한 면이 돋보였던 만큼 유리하게 진행이 되었다. 어느 한쪽에 치우치지 않고 여학생팀의

미니 장터 세팅하기

1학년 학생들과 함께한 미니 장터

곳곳에 1학년 학생들이 많이 모였다. 하지만 남학생들도 회심의 한 방이 있었다. 바로 미니 컵라면이었는데, 너무 줄이 길어져서 30분 내내 라면만 계속 끓였다는 후문이다.

30분이 지나 장터를 마치고 수익금을 계산한 결과 근소한 차이로 여학생팀이 승리했다. 수업을 정리하면서 돈을 버는 일이 어땠는지 물어보았는데, 학생들이 이구동성으로 "재미있고 보람 있는 일"이라고 대답했다. 이처럼 돈을 얼마나 벌었는가, 누가 더 많이 벌었는가는 학생들에게 중요하지 않았다. 돈을 버는 즐거움이 무엇인지를 알았다는 것, 그것 하나면 이 프로젝트가 의미 있는 활동이 되기에 충분했다.

BK's Summary ✏️

• 수업의 목적은 경제 활동을 직접 체험해 봄으로써 경제 감각을 길러주는 데 있다.

• 1학년 학급과의 바람직한 협업 수업으로 진행하였고, 학생 주도적인 경제 활동으로 수업의 몰입도를 높였다.

• 학생들이 장터에서 팔 물건을 구입할 때 예산이 필요하다. 본 수업은 학급운영비를 활용했다.

• 학생들이 물건을 거래할 때 가상 화폐가 필요하다. 카지노칩 또는 부루마블 화폐 등을 활용할 수 있다.

• 학교 밖의 마트에 다녀오는 것이므로 교외 체험 활동이 될 수 있다. 사전에 학교장 승인을 받는 것이 좋다.

• 〈1학년 1학기 수학 : 숫자 세기 활동(작은 돈 계산 활동)〉 〈4학년 2학기 국어 : 제안하고 실천하는 방법을 찾아내기〉와 연계된 수업이 가능하다.

BK's Recipe
05

달 관찰
프로젝트

_____ 지금은 4학년으로 내려간 〈지구와 달〉 단원은 2년 전까지는 5학년 1학기에 배우는 단원이었다. 이 단원에는 '여러 날 동안 같은 시각에 달을 관찰하면 모양과 위치는 어떻게 변할까?'에 대한 차시가 있다.

그런데 수업 시간에는 달을 관찰할 수 없기 때문에 이 수업은 실제로 진행하는 것이 불가능하다. 그래서 실제로 많은 선생님들은 이 수업을 진행하기 위해 숙제로 달을 관찰해 보도록 하고 수업 시간에는 영상자료로 내용을 대체하곤 한다.

- **단원** : 4학년 과학 〈지구와 달〉
- **학습 목표** : 여러 날 동안 같은 시간대에 달의 모양 변화를 이해할 수 있다.
- **디자인한 장면** : 여러 날 동안 밤에 달의 모양 변화를 관찰하는 장면
- **핵심 활동** : 달 관찰하기. 그 결과를 SNS(밴드)에 기록하기
- **활동 도구** : 스마트폰, SNS(밴드)
- **수업의 흐름**

  ① 1차시 : 여러 날 동안 달의 모양 변화 관찰에 대한 미션 설명

  ② 2차시 : 달을 관찰하지 못했던 원인 찾기

  ③ 3차시 : 달의 모양 변화 스톱모션 애니메이션 제작

  ④ 야간시간 : 달 관찰이 가능한 날 다시 관찰하기

:: 달 관찰 프로젝트 시작

2012년도에 처음으로 5학년 담임을 맡게 되었을 때도 이 단원을 어떻게 수업할지 고민했었다. 고민을 한 결과, 달을 가정에서 함께 관찰한 뒤 공동 관찰 일지를 만들어보기로 했었다. 그래서 이 단원을 하나의 '달 관찰 프로젝트'로 구성해 보았다.

2012년도에는 스마트폰이 대중화되지 않았던 시기였기 때문에 학생들에게 정해진 시간에 달을 관찰하고 디지털카메라로 사진을 찍어서 그 사진을 컴퓨터에 옮긴 뒤 우리 반에서 운영하던 카페에 올려보

온라인 카페와 SNS를 활용한 공지

자고 제시하였다.

하지만 그 프로젝트는 시작한 지 하루 만에 포기할 수밖에 없었다. 학생들이 디지털카메라로 달 사진을 찍어서 컴퓨터로 옮기고 카페에 올리는 것을 너무 어려워했기 때문이다. 학생의 절반은 디지털카메라를 잘 다루지 못해서 부모님의 도움을 받을 수밖에 없었고, 대부분의 부모님들은 그 파일을 카페에 올리는 법을 잘 모르셨다. 다음 날 아침이 되었을 때, 많은 학생들이 이 프로젝트는 하지 않는 것이 좋겠다고 했다. 그래서 결국 그 단원을 영상매체에 의존하면서 마무리했던 경험이 있다.

그렇지만 2년 후인 2014년에는 스마트폰을 갖고 있는 학생들이 많아졌고, 학급 SNS를 운영하고 있었기 때문에 예전에 비해 불편함이 훨씬 줄어들었다. 스마트폰으로 사진을 찍어서 바로 SNS에 올릴 수 있기 때문이다. 그래서 2년 전에 실패했던 달 관찰 프로젝트를 다시 한 번 진행해 보기로 마음먹었다.

학생들에게 매일 밤 9시에 달을 관찰하고 스마트폰으로 사진을 찍어서 SNS에 올려 함께 달의 모습을 지켜보자고 했다. 시간을 9시로 정한 까닭은 학생들이 잠자기 전 달을 관찰하기에 가장 적당한 시간이라고 생각했기 때문이다.

:: 실패한 달 관찰 프로젝트

그런데 전혀 생각지 못했던 문제가 발생했다. 스마트폰으로는 달 사진이 잘 찍히지 않을 것만 우려했는데, 정작 밤하늘에서 달 자체를 발견할 수가 없었던 것이다. 학생들은 달이 없다고 아우성을 피우기 시작했다. 비가 오는 날도 아니고, 하늘에 별은 초롱초롱 떠 있는데도 달은 보이지 않았다.

그 원인을 인터넷으로 찾아보았다. 달은 그믐달이 되어갈수록 점점 늦게 뜨기 시작한다. 그래서 그믐쯤 되면 새벽에 달이 뜨게 된다. 달 관찰 프로젝트를 시작했을 때는 이미 음력 25일 정도가 지나고 있을 때였다. 그러므로 당연히 밤 9시에는 달을 볼 수가 없었다. 이런 기초적인 과학 상식도 모른 채 프로젝트를 실시하려고 했던 것이 조금 부끄러웠다.

교과서에서 이런 내용을 전혀 찾아볼 수 없다는 것도 이상했다. 교과서에서는 단순히 달의 모양 변화에 대한 그림만 나와 있을 뿐, 달을 언제, 어디서, 어떻게 관

달이 뜨지 않았다는 학생들의 반응

찰해야 하는지에 대한 방법은 나와 있지 않았다.

:: 달 관찰 실패의 원인 분석과 달 모양 변화 알아보기

달이 보이지 않는다고 학생들의 활동을 무의미하게 끝내기는 무척
이나 아쉬웠다. 그래서 학생들에게 "왜 달을 관찰하지 못했을까?"라
고 질문을 하고 그 해답을 함께 찾아나갔다. 학생들은 스스로 인터넷
을 활용하여 해가 뜨고 지는 시간이 매일 달라지는 것처럼 달이 뜨고
지는 시간 또한 매일 달라진다는 것을 알아냈다. 그리고 현재는 달을
볼 수 없지만 일주일 정도가 지나면 조금씩 달을 볼 수 있을 것이라는
것을 알게 되었다.

이렇게 사전 지식을 찾아본 다음에 달의 모양 변화를 한눈에 볼 수
있는 방법으로 무엇이 있을지 생각해 보았다. 이 프로젝트를 지금 당
장은 진행할 수 없었기 때문에 대체할 수 있는 수업 방법이 필요했기

달의 모양 변화를 스톱모션 애니메이션으로 만들기

때문이었다. 그래서 학생들과 달의 모양 변화를 스톱모션 애니메이션으로 제작해 보기로 했다. 학생들은 달의 모양 변화를 인터넷 등 다양한 방법으로 찾아보고 그것을 그림으로 표현해 가며 그 전에는 몰랐던 것들을 하나둘씩 알아가기 시작했다.

:: 달 관찰 프로젝트의 성공

달을 직접 관찰하지 못한 것은 아쉬웠지만 다른 진도도 나가야 했기 때문에 하는 수 없이 달 프로젝트를 마무리했다.

그런데 일주일 정도가 지나자 한 학생이 초승달을 발견했다고 좋아하며 SNS에 사진을 올렸다. 나는 막상 프로젝트가 끝나서 잊고 있었는데 학생들은 프로젝트를 포기하지 않고 꾸준히 진행하고 있었다. 누군가 시키지도 않았는데 매일매일 밤에 달이 뜨기를 기대하는 마음으로 지켜본 학생들이 정말 고마웠다.

한 학생이 다시 달 관찰을 시작하자 우리 반 모두가 보름달이 뜰 때까지 함께 관찰하며 성딸 보람 있는 프로젝트로 마무리할 수 있었다.

달을 본 학생들의 반응

이 프로젝트는 나에게 학생들과 함께한다는 것이 얼마나 행복한 일인가를 느끼게 해준 소중한 기억으로 자리 잡았다. 학생들과 함께 즐기는 수업은 학생뿐 아니라 교사에게도 큰 감동을 줄 수 있다는 사실을 새삼 깨닫게 된 수업이었다.

BK's Summary

- 교실에서 관찰할 수 없는 달을 실제로 관찰해 보는 활동이다.

- 교실 수업의 한계를 기술과 도구(스마트폰, SNS 등)로 극복해 보고자 수업을 디자인했다.

- 흥미가 있는 활동이면 학생들 스스로 참여할 수 있다는 것을 보여주는 수업이었다.

- 학생들과 소통할 수 있는 SNS가 필요하다.

- 학생들의 참여를 꾸준히 유도할 수 있는 방안이 필요하다. 학생들과의 평소 꾸준한 소통이 이 수업을 잘 유지할 수 있는 핵심이다.

- 〈4학년 1학기 과학 : SNS를 활용하여 식물 관찰 일지 쓰기 프로젝트〉 〈6학년 1학기 과학 : 계절의 변화를 느끼기 위한 매일 같은 시간 사진 모으기 프로젝트〉와 연계된 수업이 가능하다.

「이 도서의 국립중앙도서관 출판시도서목록(CIP)은
서지정보유통지원시스템 홈페이지(http://seoji.nl.go.kr)와
국가자료공동목록시스템(http://www.nl.go.kr/kolisnet)에서 이용하실 수 있습니다.
(CIP제어번호: CIP2016018158)」

BK선생님의
쉬운 수업
레시피

ⓒ 김백균

1쇄 발행 2016년 8월 30일
2쇄 발행 2018년 4월 12일

지은이 김백균
발행인 윤을식

편집 김명희 박민진

펴낸곳 도서출판 지식프레임
출판등록 2008년 1월 4일 제2016-000017호
주소 서울시 서초구 효령로26길 9-12, B1
전화 (02)521-3172 ㅣ **팩스** (02)6007-1835

이메일 editor@jisikframe.com
홈페이지 http://www.jisikframe.com

ISBN 978-89-94655-52-9   (03370)